책세상문고 · 고전의 세계

조형예술과 자연의 관계

Über das Verhältnis der bildenden Künste zu der Natur

책세상문고 · 고전의 세계

조형예술과 자연의 관계

ÜBER DAS VERHÄLTNIS DER BILDENDEN KÜNSTE ZU DER NATUR

F. W. J. 셸링
·
심철민 옮김

책세상

일러두기

1. 이 책은 프리드리히 빌헬름 요제프 폰 셸링Friedrich Wilhelm Joseph von Schelling의 《조형예술과 자연의 관계*Über das Verhältnis der bildenden Künste zu der Natur*》를 온전히 번역한 것이다.
2. 이 책의 번역 저본으로는 《셸링 전집*Schelling: Sämtliche Werke*》(K. F. A. Schelling 편, Stuttgart und Augsburg, 1859~1861) 제7권 중 289~329쪽을 사용했으며, 루치아 스치보르스키Lucia Sziborsky가 편집하고 서문과 주석을 단 펠릭스 마이너 판본도 참고했다.
3. 모든 주는 원서와 달리 후주로 처리했다.
4. 주는 셸링의 원주와 독일 편집자의 주, 그리고 옮긴이주 세 가지이다. 각주에 대해서는 주의 내용 앞에 각각 '(원주)', '(편집자주)', '(옮긴이주)'라고 표시했다.
5. 때로 너무 간략히 표현된 원문을 좀 더 분명하게 이해하는 데 도움을 주고자, 그러면서도 원문을 훼손하지 않기 위해 옮긴이가 보충하거나 따로 설명한 내용은 〔 〕 안에 넣었다.
6. 주요 인명과 책명은 첫 1회에 한하여 원어를 병기했다.
7. 단행본이나 잡지는 《 》, 논문이나 단편은 〈 〉로 표기했다.

조형예술과 자연의 관계 | 차례

들어가는 말

"양식적 견지에서 이 강연은 셸링Friedrich Wilhelm Joseph von Schelling의 붓에서 흘러나온 가장 완성된 형태의 글입니다. 우리는 이 글을 항상 새롭게 읽을 수 있지만 그러면서도 포만감에 이르지는 못할 것입니다." 셸링의 학술원 강연《조형예술과 자연의 관계*Über das Verhältnis der bildenden Künste zu der Natur*》(1807)를 가리켜, 헤겔의 전기학자 카를 로젠크란츠Karl Rosenkranz는 이렇게 평했다.

로젠크란츠의 평가를 접어두더라도, 확실히 셸링의 이 강연에는 풍부한 사상적 깊이와 대중을 향한 강한 호소력이 배어 있다. 명쾌하고도 적절한 논변을 통해 그의 예술철학이 겨냥하는 학문적 노선이 여실히 드러나기 때문이다. 나아가 오늘날 미학 논쟁이 깊이 고민해야 할 근본 가치들을 논하고 있다는 점에서 이 책은 여전히 '살아 있는 고전' 중의 하나라 할 수 있다.

이 강연은 역설적인 방식으로 '예술의 시대'를 향한 동경과 염원을 보여준다. 셸링은 앞선 시대의 찬연한 예술적 성과가 이미 지나가버린 것임을 목도하는 한편, 이것이 새롭게 부흥하기를 희구한다. 그러나 이러한 부흥을 꿈꾸기에는 예술의 근본이 그릇된 길을 향하고 있었다. 이 점을 밝히고자 했던 만큼, 강연은 공박의 대상을 분명히 하면서 다분히 논쟁적인 기조를 유지하고 있다.

우선 당대의 예술 조류들은 셸링이 보기에 자연의 활동성을 도외시하는 큰 오류를 범하고 있다. 무엇보다도 고전주의가 표방하는 '예술=자연의 모방'이라는 견해가 그러했다. 특히 셸링이 비판하는 것은 이러한 예술론의 허구성이다. 이들은 자연을 순전히 죽어 있는 상像 정도로 여기면서, 이것을 '모방'하라고 강변한다. 그러나 사실 이들이 모방하는 것은 한갓 '이상화된 자연', 즉 '아름다운 자연'일 뿐이었다. 여기서 저 자연의 생명력은 이미 실종되고 만 상태이다. 독일의 고고학자이자 미술사가인 빙켈만Johann Winkelmann이 견지하는 이런 예술관에서 셸링은 '아름다운 예술', 곧 '미술美術'의 허구적인 전제를 읽는다.

그런 만큼 셸링은 이제 '특성적인 예술'을 옹호하게 된다. 이 점에서 그는 괴테의 견해를 이어받는다. 태초 이래 생명을 가진 모든 것의 본질은 스스로를 형성해내면서 하나의 형태를 얻어가는 데 있다. 예술의 요체 또한 가시화된 형태에 있으므로, 문제는 그 형태 속에 있는 본질을 생생하게 파악하는 일이다. 활동적인 학문이라면, 자연과 예술에 모두 흐르고 있는 이 같은 양 측면을 감지하게 마련이다. 말하자면 참된 학문은 본질과 형태를 이어주는 끈의 구실을 해야 하는 것이다. 학문이 좀 더 깊은 수준에 이르러야 할 이유가 여기에 있으며, 또 그런 가운데 예술 역시 작품에 '자연작품'과 유사한 실재성을 마련하게 되는 것이다.

따라서 특성적인 예술은 결코 형태의 특이성에만 바탕을 두는 것이 아니다. 그것은 자연의 근원적인 힘을 망각하지 않는 '상상력의 깊은 떨림'이자, 한 걸음 더 나아가 선대의 문화를 딛고 스스로 발전해나가는 일종의 역사적 산물이기도 하다. 예술의 역사성에 관한 셸링의 시각은 특성적인 예술에 대한 논변을 강화할 뿐만 아니라 그 자체로 예술의 본질에 대한 신선한 조명을 던져주는 듯하다. 셸링은 이것을 마치 아침해가 떠오르듯, 자유로운 영혼이 나타나는 투쟁 과정으로 이해한다. 그는 예술의 전개를 영혼의 출현과 개화로 보는 관점을 고대의 신화와 예술의 추이 속에서 분석하는가 하면, 우미優美를 재평가하는 논거로도 삼았다. 그에 따르면 감각적 우미는 표현의 한 스타일이 아니라, 격정과 고통을 감내하면서 영혼을 예감하는 데서 그 참된 자리가 마련된다. 여하튼 이런 면에서 오늘날 미학자들의 관용 어법 가운데 하나인 '더 이상 아름답지 않은 예술'이 '아름다운 예술'과의 형식적 대척 개념이라 한다면, 셸링의 '특성적인 예술'은 후자와의 화해 개념이라고 할 수 있다.

한편, 예술을 영혼의 전개이자 발전사로 보는 관점은 그의 유명한 테제, 즉 고대에는 조각이, 근대에는 회화가 우위를 차지한다는 논거에도 적용된다. 이것을 헤겔을 비롯한 당대의 여러 논자 가운데 과연 누구의 것으로 인정해야 하는가라는 문제가 있지만, 셸링은 여기에서 이미 여러 차례에 걸쳐, 회화에서는 유독 영혼에다 큰 의미를 두는 것이 허용되며, 이것이 근대에 형성된 영혼의 힘과 시대적으로 조응하고 있음을 강조한다. 또한 이런 논조를 바탕으로, 강연 후반부로 갈수록 셸링은 근대의 예술가들을 좀 더 구체적으로 논한다. 독일 관념론 철학자 가운데 가장 예술 감각이 좋았다는 일반의 평가에 걸맞게 그는 예술 전문가들인 청중 앞에서, 미켈란젤로와 라파엘로가 어떻게 다른지, 이탈리아의 르네상스 화가 코레조Correggio나 초기 바로크 양식 화가 귀도 레니Guido Reni의 작품에서 아름다움을 지탱해주는 것이 무엇인지 등을 명쾌한 어조로 논한다. 지금까지의 전체 흐름에서 그의 논조를 정확히 읽어낸 독자라면, 각각의 화가들에 대한 이 같은 논변을 예술가에 대한 셸링의 개인적인 취향 정도로만 생각할 수는 없을 것이다. 이런 면에서 그는 여전히 개별적인 예술 현상에 경험적인 시선을 두기보다는 자연철학과 역사철학의 바탕 위에서 예술의 참된 가능성을 추구한다고 할 수 있다. 요컨대 이런 면에서 셸링은 아직도 예술이 공공의 희망이요, 문화의 공통분모였던 시대를 대변한다고 볼 수 있다.

짧게나마 셸링을 소개한 미학사 관련 책들마다, 셸링의 이 강연 제목 앞에는 거의 예외 없이 '그 유명한…'이라는 수식어를 붙이는 것으로 기억한다. '유명한' 저작이란 아마도 강연을 통해 셸링이 500여 청중에게 남긴 강한 인상에서 유래되었을 법하다. 강연이 끝나고도 여러 주 동안 궁정이나 도시에서 셸링의 강연이 인구에 회자되었다고 하니 말이다. 우리는 분명 이런 시대에 살고 있진 않다. 예술이나 문학의 환경 역시 들풀처럼 억세게 저마다 나부끼는 것을 기정 사실로 여기고 있다. '유명한'이라는 말 또한 한갓 기호가 되었으므로, 그 말에 현혹되어 우리말로 한번 옮겨보기로 작정했다고 해서 크게 우스운 일은 아닐 것이다. 그러나 책세상의 고전의 세계 출간 기획이 아니었다면 번역의 직접적인 계기는 얻지 못했을 것이 분명하다.

예술 역시 자의식과 반성적 소통이 뒷받침될 때, 예술의 역사를 일구어갈 수 있으리라 믿는다. 그런 점에서 철학적 예술론은 오늘날에도 여전히 우리에게 정신문화의 자산이 될 것이다.

번역하는 내내, 예술을 향한 학문적 열정과 당대 시대의식의 융성을 꿈꾸는 셸링의 호흡을 어렴풋이 느낄 수 있었던 점에 감사한다. 또한 묵묵히 뒷바라지해준 사랑하는 아내와

컴퓨터를 자주 양보해야 했던 아들 기덕에게 감사의 말을 전한다.

***

이번에 이 책의 전면 개정판을 내게 되어 역자로서 마음이 한결 홀가분하다. 초판을 낸 지 15년 만이다. 해제나 옮긴이주 등은 그대로 두었지만, 셸링의 원문은 모두 새로 번역했다. 이를 통해 불명료하거나 잘못된 문장들을 바로잡을 수 있었다. 셸링 자신의 본뜻이 좀 더 제대로 전달된다면 더 바랄 것이 없겠다.

2017년 8월

옮긴이 심철민

조형예술과
자연의 관계

국왕의 이름을 따서 불리는 이날〔성명축일聖名祝日〕,[1] 숭고한 구호로 목소리를 한데 모아 모든 이들이 기쁜 마음으로 일깨워지는 오늘같이 복된 축제의 날은,── 다만 이 자리에서는 말과 언설로만 이를 축하할 따름이지만── 이날의 애국적 감정 속에 일체가 된 청중을 저절로 깊은 고찰로 이끌어주는 것으로 보인다. 그러한 고찰들은 더할 나위 없이 보편적인 것과 고귀한 것을 상기시키며, 청중을 저 일체화의 감정에서와 같은 정신적 공감 속에 하나로 결합한다. 또한 현세의 군주들도, 훌륭하고 아름다운 모든 것을 우리가 안심하고 누릴 수 있도록 도모하고 있다. 우리가 감사를 드리는 데서 과연 이보다 더 존귀한 것이 있겠는가? 그렇기 때문에 우리는 항상 그 선행을 상기하고 공공의 행복을 생각할 때, 즉각 보편 인류적인 것으로 이끌리는 것이다. 이 축일에 조형예술의 진정 위대한 작품 하나가 공개되고 자유로운 감상이 허용되는 기회가 되었거니와, 이 복된 날을 찬미하는 데에 이보다 더욱더 마음을 하나로 합치시키는 기쁨은 없을 것이다. 또한 예술작품 일반을 그 본질에 따라 밝혀내고 말하자면 정신의 눈앞에 드러내려고 하는 시도는 마찬가지로 마음을 화합시키며 또한 동시에 오로지 학문들을 위해 바쳐진 이 장소에 어울릴 듯하다.[2]

오래전부터 조형예술에 대해 얼마나 많은 것들이 느껴지고 생각되며 판단이 내려져왔던가! 그런 까닭에, 예술에 조예가 깊은 전문가, 그리고 안목이 풍부한 비평가들로 이루어진 훌륭한 회합 석상에서, 과연 어떻게 이 강연이 이러한 대상에 새로운 매력을 더하기를 기대할 수 있을까? 이러한 대상에는, 본질과 관계없는 겉치레의 말들은 쓸데없는 것이 아닌가? 이 강연에서는 오히려 조형예술이라는 대상이 얻고 있는, 받아들여지기 쉽다는 일반적인 이점의 일부를 믿어도 좋지 않을까! 왜냐하면 다른 대상들에 대해서는 언변의 능란함으로 한층 돋보이게 하거나 또는 무언가 엄청난 것을 그 자체로 지니고 있는 경우라면 이를 믿게끔 서술할 필요가 있지만, 조형예술은 대상이 그대로 눈에 보이게끔 주어져 있다는 이점을 지니기 때문이다. 그것은 또한 통상의 척도를 넘는 숭고한 완전성이 존재한다는 주장에 맞서 보통 확대되기 마련인 의구심에 대해 그 실례를 제시한다는 이점이 있다. 왜냐하면 관념Idee에서는 파악되지 않았을 법한 것이 이 조형예술의 영역에서는 구체적으로 눈앞에 나타나기 때문이다. 다음으로 이 강연에 또한 도움이 되는 점은, 이러한 대상을 두고 많은 이론들이 있었음에도 불구하고 아직도 예술의 근원에까지 소급한 이론이 좀처럼 눈에 띄지 않는다는 사실이다. 왜냐하면 예술가들은 모두 하나같이 자연을 모방해야 한다고 하면서도 그 대다수는 자연의 본질이란 무엇인지를 거의 이해하고 있지 못하기 때문이다. 대부분의 전문가와 사상가들도, 자연에 접근하기가 너무 어렵다는 이유 때문에, 자연을 연구하기보다는 오히려 영혼의 고찰을 통해 이론을 도출하는 편이 좋다고 더 안이하게 생각하고 있다. 그런데 그러한 이론들은 대부분의 경우 너무나 천박하다. 즉 그것들은 대체로 예술에 관계되는 여러 선한 것이나 참된 것을 말하고는 있지만, 조형예술가 자신에게는 유효한 것이 아니고, 실천이라는 점에서는 전혀 소득이 없는 것이다.

본래 조형예술은 가장 오래된 표현에 따르면 침묵의 시예술이어야 한다.[3] 이 정의를 최초로 생각한 인물은 의심할 여지없이 이것으로 다음과 같은 바를 말하고자 했을 것이다. 즉 조형예술은 시예술처럼 그 근원이 영혼에 있는 정신적 사상이나 관념을 표현해야 하지만, 이는 단지 언어에 의한 것이 아니라 마치 침묵을 지키는 자연처럼 형태나 형식을 통해서, 언어와는 다른 감각적인 작용을 통해서 표현해야 한다는 것이다. 즉 조형예술은 명백히 영혼과 자연을 결합하는 활동적인 끈인 것이며, 이 양자의 생동적인 중심에서만 파악될 수 있는 것이다. 확실히 조형예술은 영혼과의 관계를 다른 모든 예술과 특히 시와 공유하고 있으므로, 조형예술을 자연과 연관시키고 또 조형예술로 하여금 자연과 유사한 생산적인 힘을 지니게끔 하는 그 중심이야말로 조형예술에 특유한 것으로서 남아 있는 셈이다. 그러므로 지성을 만족시키고 예술 자체에도 유익하고 도움이 되는 이론이 있다고 한다면, 그것 또한 오로지 이 중심에 관련될 수 있을 것이다.

그러므로 우리는 조형예술을 그 참된 범형이자 원천인 자연과의 관계에서 고찰함으로써, 지금까지 인식되지 않은 몇몇 점들에 대한 이론적 기여를 할 수 있으리라고 기대한다. 그리고 이를 통해 약간이나마 개념들을 더욱 정확히 규정하거나 또는 분명히 할 수 있다고 생각한다. 그리하여 특히 예술의 전체적 구조의 연관을 더 높은 필연성의 빛 가운데서 드러내보고자 한다.

그러나 학문은 이러한 관계를 예전부터 인식해오지 않았는가? 더욱이 근래의 이론들은 모두 예술은 자연의 모방자여야 한다는 명확한 근본명제에서 출발한 것이 아닌가? 물론 그러했을지 모른다. 그러나 자연이라는 개념에는 워낙 다의적인 의미가 있는데다 다양한 생활방식이 있는 것만큼이나 자연에 대한 다양한 관념들이 존재하는 터라, 이 널리 퍼진 근본명제라 한들 예술가에게 무슨 쓸모가 있었겠는가? 자연은 어떤 사람에게는 불특정한 다수의 대상들로 이루어진 죽은 집합체이거나 아니면 마치 창고처럼 그 안에 사물들이 쌓여 있다고 여겨지는 공간 이외 그 무엇도 아니다. 또 다른 사람에게는 살아가는 데 필요한 양식과 양분을 얻어온 토양에 지나지 않는다. 영감을 받은 탐구자에게만 자연은 모든 것을 자기 자신에게서 창조하고 활동적으로 산출하는, 신성하고도 영원히 창조적인 세계의 근원력인 것이다. 만약 저 근본명제가 예술 또한 이 창조적인 힘을 열심히 본받으려고 노력한다는 점을 말하고 있었다면, 아마도 그 명제는 높은 의의를 지니게 될 것이다. 그러나 이 명제가 어떠한 의미로 받아들여지고 있었는가는, 우선 이것이 성립된 시대의 학문의 일반 상황을 안다면, 거의 의심할 여지가 없는 것이 된다. 자연의 모든 생명을 부인했던 바로 그 학문이 예술에서는 생명을 모방했다고 한다면, 이것만큼 기묘한 이야기는 없을 것이다! 다음과 같은 사려 깊은 인물의 진술은 이러한 경향의 학문을 겨냥한 것이었다고 할 수 있다. "당신들의 기만적인 철학이 자연을 제거해버렸으면서, 왜 우리에게는 자연을 모방하라고 요구하는가? 자연의 제자들에게 똑같은 폭력을 휘두르는 만족을 다시금 맛보기 위함인가?"[4]

이러한 학문에는 자연이란 단지 말 못하는 상像이었을 뿐만 아니라 내적으로 살아 있는 그 어떤 진술에도 더 이상 어울리지 않는 완전히 죽은 상이었던 셈이다. 자연은 속이 빈 공허한 형식들의 골격으로, 여기에서는 이와 똑같이 공허한 상이 아마포 위에 그려지거나 석재에 조각되었던 것이다. 이것은 확실히 자연 속에서 그 어떤 신적인 것도 인정하지 않고 거기에서 단지 우상을 끄집어낸, 한층 옛날의 미개한 민족의 이론이다. 그런데 도처에서 활발하게 작용하는 본질의 흔적을 느끼는 천부적인 감각을 타고난 고대 그리스인들에게서는 자연으로부터 참된 신들이 생겨난 것이다.

그렇다면 자연의 제자는 자연 속에 있는 것이면 무엇이든 차등 없이 모방해도 좋을 것인가? 아니, 아름다운 대상들만을, 더욱이 이들 중에서도 아름다운 것과 완전한 것만을 모사해야 했던 것이다. 이리하여 근본명제는 한층 더 상세하게 정의되었지만, 이에 따라 자연에는 완전한 것과 불완전한 것, 아름다운 것과 아름답지 않은 것이 혼재되어 있다고 주장되었다. 그렇다면 자연에 대해 굴종적으로 이것을 모방하는 관계 이외에 다른 관계를 맺지 못했던 자는 아름다운 것을 아름답지 않은 것으로부터 도대체 어떻게 구별해야 했을까? 이런 부류의 모방자는 원상原像, Urbild의 뛰어난 점보다는 오히려 결점을 받아들이는 경향이 있다. 왜냐하면 결점 쪽이 대상을 파악하는 데 필요한 단서나 징표들을 더 쉽게 제공해주기 때문이다. 이 점을 바탕으로 우리는 또한, 이런 의미에서의 자연의 모방자에 의해 아름다운 것 이상으로 추한 것이 자주 그리고 심지어는 특별히 즐겨 모방되어왔던 사정을 이해하게 된다. 만일 우리가 사물들을 그 내적 본질에 대한 적합성에서가 아니라 공허한 추상적 형식에서 바라본다면, 사물들 또한 우리의 내면을 향해 아무것도 말을 걸지 않는다. 사물들이 우리에게 대답해주도록 우리는 우리 자신의 심정이나 정신을 집중하지 않으면 안 된다. 그러나 모든 사물 각각이 지닌 완전성이란 무엇인가? 그것은 사물 내의 창조적인 생명, 현존하는 사물의 힘 이외 그 무엇도 아니다. 그러므로 자연 일반이 죽은 것으로서밖에 떠올려지지 않는 자에게는, 불 속에서 정련되는 것처럼 미나 진리의 순금이 생기는 화학반응과도 비슷한 저 심원한 과정을 성취한다는 것은 도무지 무리한 일일 것이다.

저 근본명제의 불충분함이 점차 일반적으로 느껴지기 시작했을 때조차도, 이러한 관계의 주된 견해에 대해서는 아무런 변화도 없었다. 요한 빙켈만[5]의 새로운 이론과 인식의 탁월한 수립에 의해서도 아무런 변화가 일어나지 않았다. 물론 그가 예술에서의 영혼을 다시금 충분히 활동시키고 이것을 보잘것없는 의존적 상태에서 해방하여 정신적 자유의 세계로 고양시킨 것은 사실이다. 고대의 조형에서의 형식미에 매우 감격한 빙켈만은 정신적 개념들의 표현과 함께 현실을 넘어선 숭고한 이상적 자연을 산출하는 것이야말로 예술의 최고 목적이라고 설파했던 것이다.

그러나 예술에 의해 현실을 능가한다는 것이 대부분의 사람들에게 어떠한 의미로 이해되었는가를 점검해본다면, 이 이론에 의해서도 단순한 산물로서의 자연, 생명을 결여한 존재로서의 사물이라는 견해가 여전히 존속해왔으며, 활동하는 창조적 자연이라는 이념이 이것에 의해 각성되는 일은 결코 없었다는 점이 명확해진다. 그렇기 때문에 저 이상적 형식들이 그것들의 본질에 대한 적극적인 인식에 의해 활력을 띠게 되는 일도 실제로는 있을 수 없었던 셈이다. 무감각한 관조자에게 현실적 형식들이 이미 죽은 것이었다고 한다면, 이상적 형식도 마찬가지이다. 현실적 형식에 대해 자립적인 산출이 가능하지 않다면, 그것은 이상적 형식에 대해서도 마찬가지이다. 모방의 대상은 변했지만, 모방은 존속한 것이다. 자연 대신에 고대의 고귀한 작품들이 등장했다. 그러나 그것을 모방한 자들은 형식들을 실현하는 정신을 망각하고 단지 외면적 형식을 떠맡는 데에 열중했던 셈이다. 그러나 고대의 작품들에도 자연과 마찬가지로 접근하기 어려운 측면이 있다. 만일 작품의 외피를 꿰뚫고 들어가 거기에서 작용하는 힘을 감지해내는 정신의 눈을 갖추지 않는다면, 고대의 작품들은 자연의 작품보다도 한층 더 냉랭하게 그대를 뿌리칠 것이다.

물론 다른 측면에서 이 시대 이후의 예술가들은 물질을 넘어선 숭고한 미에 대한 어떤 이상적인 도약과 관념을 얻어냈지만, 그러나 이들 관념은 실행이 따르지 않는 공허한 미사여구 같은 것이었다. 그 이전의 예술적 실천이 영혼을 결여한 육체를 산출하고 있었다고 한다면, 빙켈만의 이러한 견해는 영혼의 비의秘儀만을 가르쳐줄 뿐 육체의 비의에 대해서는 아무것도 제시하지 않았던 것이다. 이론은 흔히 그렇듯이 재빠른 발걸음으로 반대쪽으로 넘어가버렸지만, 아직 생동적 중심을 발견하지는 못했다.

빙켈만이 최고의 미를 인식하지 못했다고 어느 누가 말할 수 있겠는가? 그렇지만 그에게 이것은 한편으로는 상념 속에 있는 미, 즉 영혼에서 흘러나오는 미로, 다른 한편으로는 형식들의 미라는 식으로 각기 분리된 요소들로서 나타났을 따름이다. 그렇다면 과연 실제로 어떠한 활동적인 끈이 양자를 결합하는 것인가? 즉 어떠한 힘에 의해 영혼과 육체가 말하자면 한 호흡으로 산출되는 것일까? 자연의 능력처럼 예술의 능력 가운데 이러한 것이 없다면, 예술은 결코 아무것도 산출할 수 없다. 이러한 생동적인 중간항을 빙켈만은 규정하지 않았으며, 어떻게 형식들이 개념에서 창출될 수 있는가를 설명하지도 않았다. 이리하여 예술은, 그것이 형식으로부터 본질 쪽으로 나아간다는 이유에서 통상 역행적 방법이라고 일컬을 수 있는 그러한 방법으로 옮아갔다. 그러나 그렇게 해서는 무제약적인 것das Unbedingte이 달성되지 않는다. 즉 제약된 것을 점차 높여가는 것만으로는, 무제약적인 것은 발견되지 않는다. 그러므로 자신의 기원을 형식에 두고 있는 그러한 작품들은, 형식의 측면에서 아무리 훌륭하게 만들어져 있다고 해도, 그러한 기원의 특징을 통해, [말 그대로 스스로를] 완성하는 것, 본질적인 것, 궁극적인 것을 기대하고 있는 바로 그 자리에서 어떤 만족하기 힘든 공허를 내보이게 마련이다. 제약된 것이 무제약적인 것으로 높여지고 인간적인 것이 신적인 것이 될 법한 그런 기적은 일어나지 않는다. 마법의 영역은 그어져 있지만 그 속에서 평정을 되찾아야 할 정신은 나타나지 않는다. 단순한 형식에 의한 창조가 가능하다고 여기는 자의 부름에는 정령이 귀를 빌려주려고 하지 않는 것이다.

그러나 우리는 이러한 점들 때문에 빙켈만같이 탁월한 인물의 정신을 책망하려고 할 생각은 없다. 미에 대한 그의 불멸의 이론과 계시는 예술의 이러한 변화에 작용인이 되기보다는 우선 그 동기를 유발하는 원인이 되었던 셈이다! 인류의 은인들에 대한 기억과 마찬가지로, 그에 대한 추념追念도 우리에게 언제까지나 신성하게 남아 있기를! 그는 자신이 살았던 시대를 통해 하나의 산맥처럼 숭고한 고독 속에 서 있었다. 드넓은 학문의 세계 어느 곳에서도 그의 노력을 받아들이려고 하는 어떠한 응답의 소리도 또 어떠한 움직임이나 맥박도 느껴지지 않았던 것이다.[6] 점차 그와 진정으로 의견을 같이하게 된 사람들이 나타난 그때, 이 탁월한 인물은 이 세상을 떠났다. 그럼에도 그가 끼친 영향은 실로 위대한 것이었다! 감각이나 정신의 측면에서 빙켈만은 자신의 시대에

속하는 것이 아니라 고대나 또는 자신이 그 창시자가 된 시대에 속하는 인물이다. 그의 이론을 통해 빙켈만은 그보다 뒤늦은 시대들이 착수한 고대에 관한 인식과 학문의 저 보편적 체계에 최초의 기초를 마련해주었다. 그의 시대 전후에는 다른 인간적인 것들은 모두 무법칙적인 자의에 의한 것으로 여겨지고 또 그에 따른 취급밖에 받지 못했지만, 빙켈만에게서 비로소 처음으로 예술작품을 영원한 자연작품Naturwerke의 존재방식과 법칙에 따라 고찰하려고 하는 사고가 생겨난 것이다. 그의 정신은 실로 천상의 부드러운 숨결처럼 우리들 속으로 불어오는 대기 같은 것이었으니, 이로 말미암아 이전 시대 예술의 하늘에 떠 있던 구름이 우리에게서 걷히게 되었으며 또한 맑은 눈으로 그 어떤 몽롱한 상태에 방해받지 않은 채 저 하늘의 별들을 바라볼 수 있는 계기가 되었다. 빙켈만은 실로 얼마나 자기 시대의 공허함을 절감했겠는가! 설사 그가 지닌 변치 않는 친애의 감정, 이것을 향유하려고 부단히 갈망했던 것 말고는 어떠한 근거도 찾을 수 없다고 하더라도, 완성된 인간, 고전적 삶과 고전적 활동을 실천한 인간에 대한 정신적인 사랑을 뒷받침해주는 언사로서는, 이를 인정하는 것만으로 충분할 것이다. 이 밖에도 아직 여전히 충족되지 못한 갈망을 빙켈만이 마음속에 느끼고 있었다고 한다면, 그것은 바로 자연을 한층 더 깊이 인식하고자 하는 열망이었다. 말년에 이르러 그는 절친한 친구들에게, 자신의 궁극적인 고찰은 예술에서 자연으로 향하게 될 것임을 거듭 말하고 있다.[7] 말하자면 그는 자신에게 부족했던 점을 느끼고 있었으며, 자신이 신 안에서 발견한 지고의 미를 우주의 조화 속에서도 파악해야 한다는 것을 어렴풋이 깨닫고 있었다.

우리가 곳곳에서 만나는 자연은 최초에는 어느 정도 경직되고 폐쇄된 형식을 띠고 나타난다. 그것은 현란한 표지로 주의를 끌지도 않고 범속한 시선을 끌어들이지도 않는, 엄격하고도 고요한 아름다움이라고 할 수 있다. 경직된 듯 보이는 저 형식을 말하자면 정신적으로 누그러지게 하는, 다시 말해 사물의 본래 힘과 우리의 정신의 힘을 융합하여 양자로부터 단 하나의 것이 주조되게끔 하려면, 과연 우리는 어떻게 하면 좋을까? 형식 자체를 명료하고도 생생한 방식으로, 그리고 진정으로 감지되는 것으로 재획득하기 위해서는 우리는 형식 너머로 나아가야만 한다. 가장 아름다운 형식들을 보고 있더라도, 그대들이 그 형식들의 활동적인 원리를 고려에 넣지 않았다고 한다면, 대체 무엇이 남아 있겠는가? 연장延長이나 공간적 관계 같은 지극히 비본질적인 성질 외에는 어떤 것도 남아 있기 어렵다. 물질의 어떤 일부와 다른 일부 간의 병존 및 배제의 관계라는 것은 그 내적인 본질규정에 무언가 도움이 될까, 아니면 오히려 전혀 무의미한 것일까? 답은 명백히 후자이다. 부분들 상호 간의 병존 자체가 형식을 이루는 것이 아니라 부분들을 규정하는 방식이 형식을 있게 만드는 것이다. 그런데 이 형식은 하나의 적극적인 힘에 의해서만, 다시 말해 상호 괴리보다는 오히려 서로 맞서 작용하는 힘에 의해서만 규정될 수 있는 것이며, 이 힘이 부분들의 다양성을 개념의 통일에 따르게 하고 있는 것이다. 이 힘은 결정체 속에서 작용하고 있는 것을 출발점으로 해서 종국에는 인간의 형성물들에서도 마치 내밀한 자성磁性의 전류처럼 작용하여, 물질의 각 부분들에 상호 위치와 배치를 부여하고 있다. 그리고 위치와 배치를 통해 개념, 즉 본질적 통일과 미는 가시적이 될 수 있는 것이다.

그러나 형식 속에 있는 본질을 생생하게 파악하기 위해서는, 본질은 우리에게 단지 활동적 원리 일반으로서가 아니라 정신, 그리고 실제로 작용하는 지知로서 현상하지 않으면 안 된다. 왜냐하면 모든 통일은 오로지 정신적인 부류의 것이며, 거기에서 유래하는 것이라고 보아도 무방하기 때문이다. 그러나 만약 자연 속에서 이러한 지知를 발견해내지 못한다면, 자연에 대한 온갖 탐구는 대체 무엇을 겨냥하는 것일까? 지성이 그 안에 존재하지 않을 법한 것은 지성으로부터의 비난의 대상이 될 여지도 없을 것이며, 인식을 결여한 것 자체는 인식될 것도 없기 때문이다. 자연을 작용하게 하는 지知는 물론 자기반성과 연관되어 있을 인간적 자연의 학문과는 결코 동일하지 않다. 자연에서는 개념이 행위와 다르지 않으며 또 계획이 실행과 다르지 않다. 이 때문에 자연 그대로의 물질이 말하자면 맹목적으로 규칙적인 형상을 얻고자 하며, 또한 부지불식중에 정확한 입체기하학적 형식을 취하는 것이다. 그리고 어쩌면 그 형식은 개념의 영역에 속할지도 모르며, 물질적인 것에서의 어떠한 것이 동시에 정신적인 것일 수도 있다. 천체에는 실로 뛰어난 수적 관계와 기하학이 갖춰져 있다. 그러나 천체는 그러한 원리에 대해 아무것도 모르는 채로 이것을 자신의 운행에 사용하고 있다. 가장 확실한 것은, 비록 그 자신들로서는 깨닫지 못한다고 해도 동물들에게서 엿보이는 생생한 인식이다. 우리는 동물들이 무의식적으로 생활하는 것처럼 보이면서도 이들의 앎에 의해 그들 자신 이상으로 훨씬 훌륭하게 많은 일들을 이루어내고 있음을 알고 있다. 예컨대 새는 음악에 취해 혼이 담긴 목소리로 자신을 능가하는 것이며, 기술에 뛰어난 작은 동물은 연습이나 배움 없이도 능숙하게 건조물을 완성한다. 그렇지만 이 모든 것들은 하나의 강력한 정신에 의해 이끌려지는 것으로, 이 정신은 모든 개개 인식들 속에서 반짝이고 있지만 인간에서와 같은 온전한 태양의 광휘로서는 아직 어디에서도 나타나지는 않은 것이다.

이 활동적인 지知는 자연과 예술에서 개념과 형식, 육체와 영혼을 이어주는 끈이나 다름없다. 모든 사물 내에는, 무한한 지성에서 구상된 영원한 개념이 앞서 존재한다. 그러나 무엇에 의해 이 개념은 현실화하고 구체화하는 것인가? 오로지 창조적 지知에 의해서일 뿐이다. 이 지는, 마치 예술가에게서 비감성적인 미의 이념을 파악하는 본질이 이 이념을 구체적으로 표현하는 본질과 결합되어 있듯이, 필연적으로 무한한 지성과 결합되어 있다. 신들에게서 이러한 창조적 정신을 부여받은 예술가를 가리켜 천부적인 재능이라고 일컬으며 공개적으로 찬사를 아끼지 않는 것처럼, 이와 마찬가지로 예술작품은 우리에게 자연의 창조와 작용의 이 순수한 힘을 하나의 윤곽으로 보여주는 정도에 따라 탁월한 것으로 드러날 것이다.

벌써 오래전부터 잘 알려져 있는 것이지만, 예술에서는 모든 것이 반드시 의식을 동반하여 달성되는 것이 아니라 의식적 활동과 무의식적 힘이 결합되지 않으면 안 되며, 양자의 완전한 합일과 상호융합이야말로 예술의 지고한 수준을 만들어내는 것이다. 이 무의식적 지知의 비의秘儀가 결여되어 있는 작품은 제작자와는 무관한 자립적인 생의 결여가 느껴지는 점을 통해 알 수 있다. 왜냐하면 거꾸로 이 지가 작용하고 있는 곳에서, 예술은 그 작품에, 지성의 최고도의 명석함과 더불어 또한 자연작품이 유사하게 지니는 저 규명하기 어려운 실재성을 부여하기 때문이다.

자연에 대한 예술가의 상황은 자주 다음과 같은 진술로 설명되어왔다. 즉 예술이 예술작품이기 위해서는 우선 자연에서 벗어나지 않으면 안 되며, 그리고 오로지 최후의 완성에서만 자연으로 되돌아가 있다는 것이다. 이 진술이 진정으로 의미하는 것은 우리에게 다음과 같은 것 이외의 그 무엇도 아닌 것으로 보인다. 즉 모든 자연존재들에서 생생한 개념이 존재하되, 그것은 맹목적으로밖에 작용하지 않는다는 것이다. 만약 이 생생한 개념이 예술가에게서도 동일하게 〔맹목적으로〕 작용한다면, 예술가는 자연 일반과 다른 점이 아예 없게 될 것이다. 그러나 또한 예술가가 의식적으로 자신을 현실적인 것에 완전히 종속시켜, 현실존재를 그저 노예 같은 굴종적인 충실함으로 재현하고자 한다면, 흉악망측한 것을 산출하기는 할지라도 어떠한 예술작품도 산출하지는 못할 것이다. 그러므로 예술가는 산물 또는 피조물로서의 자연으로부터 벗어나지 않으면 안 되지만, 그러나 이는 자신을 창조적인 힘으로 고양하고 이 힘을 정신적으로 파악하기 위함이다. 이를 통해 예술가는 순수한 개념의 세계로 날아오르는 것이다. 예술가가 피조물의 세계를 떠난다고 해도 그것은 다시금 천 배의 이득을 얻어 이것을 되찾고 또 바로 이런 의미에서 자연으로 복귀하기 위함이다. 사물의 내면 가운데 작용하되 형식과 형태를 통해 단지 상징적으로밖에 말해주지 않는 저 자연정신Naturgeist을 예술가는 어쨌든 본받으려고 노력해야 하며, 이 정신을 생생하게 모방하고 파악하는 한에서만 예술가는 자신에게 있는 진정한 것을 창조한 셈이 된다. 왜냐하면 실제로 작품, 즉 전체를 아름답게 만드는 것이 더 이상 형식이라고 말할 수 없다면, 다른 아름다운 다양한 형식들을 합성함으로써 생겨나는 작품들도 전혀 아름답지 않을 수 있기 때문이다. 진정 작품을 아름답게 하는 것은 형식을 넘어선 것, 본질, 보편적인 것이요, 내재하는 자연정신의 눈빛이자 표현이다.

이제 거의 의구심을 품을 필요가 없게 된 것은, 일반적으로 요구되고 있는 이른바 예술에서의 자연의 이상화Idealisieren der Natur[8]에 대해 어떻게 생각해야 하는가라는 문제이다. 이 같은 요구는, 진眞 · 미美 · 선善이 현실적인 것이 아니라 오히려 이들 모두에 반대되는 것이 현실적인 것이라는 사고방식에서 나온 것으로 보인다. 현실적인 것이 진리나 미와 정말로 대립된다면, 예술가는 응당 이 현실적인 것을 높이거나 이상화해서는 안 된다. 어떤 참된 것, 아름다운 것을 창조하기 위해서는 이것과 대립하는 현실적인 것을 폐기하지 않으면 안 될 것이다. 그런데 참된 것 이외의 그 어떤 것이 어떻게 현실적인 것일 수 있단 말인가? 그리고 미가 완전무결한 존재가 아니라면, 무엇이 미라는 말인가? 이 점에서 보더라도, 예술은 자연 속에 실제로 존재하는 것을 표현하는 것 이상으로 대체 어떤 더 높은 목표를 지닐 수 있다는 것인가? 또는 예술은 늘 이른바 현실적인 자연 아래에 머물러야 한다면, 어떻게 그것이 이러한 자연을 능가하는 일을 꾀할 수 있는 것일까? 과연 예술은 작품에 감성적 · 현실적 생을 부여하는 것일까? 여기에 있는 입상立像은 호흡하지도 않고 맥박도 없으며, 피가 돌아 온기가 느껴지는 것도 아니다. 그런데 이렇듯 예술에 의해 자연을 능가한다는 것과 이러한 예술이 자연 아래에 머물러 있는 듯 보인다는 것 이 둘 중 어느 쪽도, 예술이란 진정으로 존재하는 것의 표현을 의도할 뿐임을 인정하기만 하면, 곧바로 동일한 원리에서 나온 귀결임이 밝혀진다. 단지 표면상으로만 예술작품은 생기를 띠고 있는 것으로 보인다. 반면 자연 속에서는 생명은 더 깊이 침투하여 소재와 완전히 결합하는 것으로 보인다. 그러나 물질의 항상적인 변화, 그리고 유한한 것의 소멸이라는 보편적인 운명은 우리에게 이 결합의 비본질성, 즉 결코 긴밀한 융합은 아니라는 것을 일깨워주지는 않는가? 그러므로 예술이 그 작품들을 단지 표면상으로만 생기를 띠게 하는 곳에서는 실제로 비존재를 비존재로서 표현하고 있는 셈이다. 개념이 지배하는 작품이 진리의 충실한 힘으로 감각을 파악하고 더 나아가 감각을 최초로 진정 현실적인 세계로 옮겨놓는 데 비해, 이른바 현실적인 것을 눈속임으로 감쪽같이 비슷하게 모방한 작품들의 경우는 어느 정도로 세련된 감각에는 완전히 조화로운 것으로는 보이지 않고, 아니 심지어 괴물 같은 인상을 주는 것은 어찌 된 영문일까? 이는 무엇에서 유래하는 것일까? 그것은 바로, 사물들 속에 있는 유일하게 생명적인 것은 오직 개념일 뿐이고, 그 외의 모든 것은 본질을 결여한 공허한 그림자일 따름이라고 진술하는 다소 확실하지 않은 어두운 감정에서 비롯된 것에 다름 아니다. 이와 반대의 사례들, 즉 예술에 의한 자연의 능가를 보여주는 실례로 거론되는 사례들도 동일한 근본명제에 의해 모두 설명된다. 예술이 인간 나이의 신속한 흐름을 붙잡아놓아, 성인의 남성다운 강건함을 소년기의 부드러운 매력과 결합한다든가 또는 장성한 아들딸들을 둔 어머니를 조금도 변하지 않는 든든한 아름다움으로 나타낼 때, 예술이 수행하고 있는 것은 바로 비본질적인 것, 곧 시간을 폐기하는 것 이외 무엇이겠는가? 이 길에 정통한 전문가[9]가 말하듯이, 자연의 온갖 작물들은 저마다 오직 단 한순간만 진정 완성된 미를 가질 뿐이라고 한다면, 우리는 다음과 같이 말할 수도 있을 것이다. 즉 자연의 작물들이 저마다 또한 충실한 현실존재인 것도 그저 한순간에 지나지 않는 것이라고 말이다. 이 순간 속에서 자연의 작물은 동시에 완전한 영원성 속에 있는 것이며, 이 순간을 빼놓고서는 오로지 생성과 소멸만이 거기에 어울릴 뿐이다. 예술은 그러한 순간에서의 본질을 표현함으로써, 자연의 작물을 시간에서 끄집어낸다. 예술은 이것을 그 순수한 존재에서, 그 생명의 영원성에서 현상시키는 것이다.

일단 형식으로부터 모든 긍정적인 것이나 본질적인 것이 분리된다고 생각할 수 있게 된 다음에는, 형식은 제한하는 것으로, 말하자면 본질에 적대적인 것으로 현상할 수밖에 없으며, 일찍이 거짓되고 무력한 이상적理想的인 것을 환기시켰던 그러한 이론은 필연적으로 이와 동시에 예술에서의 무형식적인 것을 노리게 된다. 만약 형식이 본질에서 독립하여 존재한다면, 형식은 본질에 제한을 가하게 되는 것이 틀림없다. 그렇지만 형식이 본질과 함께, 또 본질에 의해 존재하는 것이라면, 어떻게 이 본질이 자신으로부터 만들어낸 것에 의해 제한되어 있다고 느끼는 일이 있을 수 있을까? 강요된 형식에 의해서라면 확실히 본질에 대해 강제력으로 작용할지 모르지만, 본질 자체에서 흘러나오는 형식에 의해서라면 결코 그러한 일은 없다. 오히려 이러한 형식에서 본질은 만족하여 쉬고 있으며 그 현실존재를 자립적이고 자족적인 것으로 느낄 따름이다. 형식의 규정됨은 자연에서 결코 부정이 아니라 항상 긍정이다. 확실히 일반적으로는, 물체의 형태는 물체가 견뎌내고 있는 제한이라고들 생각한다. 그러나 창조적인 힘을 눈여겨본다면, 이 힘이라는 것은 스스로 자신에게 부과하는, 즉 이 힘이 진정 의미 있는 것이 되어 현상하는 하나의 규준으로 드러날 것이다. 왜냐하면 어디에 있더라도 자신에게 규준을 부여하는 능력은 하나의 탁월함으로, 실로 최고의 탁월함의 하나로 간주되기 때문이다. 마찬가지로 대부분의 사람들은 개별적인 것을 부정적인 것으로, 즉 전체나 총체가 아닌 것으로 보고 있다. 그러나 어떠한 개별적인 것도, 그것은 한계 지음에 의해서가 아니라 거기에 내재하는 힘에 의해 존재하는 것이며, 그 힘에 의해 개별적인 것은 전체에 대해 자신을 고유한 전체로서 주장하는 것이다.

개별성의, 따라서 또한 개성의 이러한 힘이 생생한 특성으로 나타나는 것인 까닭에, 이런 힘들에 대한 부정적인 개념은 당연한 결과로서 예술에서의 특성적인 것das Charakteristische[10]에 대해 불충분하고 그릇된 견해밖에 내보이지 않는다. 개성적인 것의 공허한 외관이나 한계를 나타내고자 하는 예술은 견디기 힘들 만큼 경직되어 보이고 죽은 것이나 마찬가지이다. 우리는 물론 개체를 요구하는 것이 아니다. 오히려 그 이상의 것, 개체에서 살아 숨 쉬고 있는 개념을 보고자 하는 것이다. 예술가가 개체 속에서 창조적으로 작용하는 이데아의 광휘와 본질을 인식하고 이것을 끄집어 낸다면, 그는 개체를 하나의 세계 자체, 하나의 유類, 영원한 원상原像으로 형성하게 된다. 본질을 파악한 자는 경직성이나 엄격함도 두려워할 필요가 없다. 왜냐하면 그것들은 생의 조건이기 때문이다. 완성의 단계에서는 최고도의 온화함으로 나타나는 자연이, 개별적인 것 하나하나에서는 규정성을, 아니 무엇보다도 먼저 경직성과 생의 폐쇄성을 지향한다는 것을 우리는 확인한다. 완전한 창조가 최고도의 외화外化의 작품이듯이, 예술가는 우선 자기 자신을 부정해야 하고 또한—절연됨을 기피하거나 형식의 고통, 고뇌를 두려워하는 일 없이—개별적인 것 속으로 내려가야만 한다. 그[자연의〕 최초의 작품들부터 자연은 철저하게 특성적이다. 예컨대 불의 힘, 빛의 섬광을 자연은 딱딱한 돌 속에 간직하고 있고, 음향의 부드러운 혼을 단단한 금속 속에 가두고 있다. 생명의 문턱에서 이미 유기적인 형태를 꾀하면서도, 자연은 형식의 힘에 압도되어 다시금 석화石化하는 것이다. 식물의 생명은 고요한 수용력Empfänglichkeit에 있다. 그런데 이 인내심 강한 생명은 과연 어떤 단호하고 엄격한 윤곽 속에 갇혀 있는 것일까? 동물계에 와서야 비로소 생명과 형식 간의 투쟁이 본격적으로 시작되는 것으로 보인다. 다시 말해 자연은 그 최초의 작품들을 단단한 껍질 속에 감추고 있다가, 이 껍질이 벗겨지는 경우 생명의 세계는 예술적 충동에 의해 다시금 결정화結晶化의 세계로 이어진다. 최종적으로 자연은 더 과감하고 더 자유로운 모습으로 나타나며, 모든 종들에서 공히 활동적이고도 생생한 특성이 보인다. 예술은 분명 자연만큼 깊은 곳에서 시작될 수는 없다. 미는 곳곳에 널리 퍼져 있지만, 본질과 이에 대응하는 미 양자의 현상과 전개에는 실로 다양한 단계들이 존재한다. 그러나 예술은 이 양자가 어느 정도 충실해지기를 요구한다. 즉 단일한 음향이나 음색도 아니고 단순한 화성도 아닌, 전체 화성과 결합한 미의 선율을 울려내고자 하는 것이다. 그러므로 예술이 가장 즐겨 직접적으로 손을 뻗는 것은 최고도로 전개된 것, 즉 인간의 형태이다. 예술은 헤아리기 어려운 전체를 감싸 안을 수 없다.

그리고 다른 모든 피조물들에서는 각자에게 생명의 섬광 같은 것이 나타나는 데 지나지 않지만, 유독 인간적인 것 속에서만은 끊임없이 완전하고 충실한 존재가 현상한다. 그러므로 자연의 총체를 오로지 인간 속에서 파악하는 것이 예술에 허용되어 있는 것이며, 그뿐만 아니라 요구되고 있는 것이다. 그런데 자연의 모습 전체가 이 한 점에 집약되어 있다는 바로 그 이유에서, 자연은 또한 그 다양성 전체를 반복하는 것이며 일찍이 광대한 폭을 취해 거쳐왔던 바로 그 길을 다시 한 번 협소한 폭으로 나아가게 된다. 그러므로 자연이 전체로서 완성된 아름다움으로 나타나려면, 예술가에게는 우선 제한된 사태 속에서도 참되고 성실하라는 요구가 여기에서 생겨난다. 인간 세계에서도 역시, 무궁무진하게 다양한 특성이나 특질을 나누어주는 창조적 자연정신과의 투쟁이 문제가 되는데, 여기에서는 무기력하고 유약한 태도를 버리고 당당하고 용기 있게 싸울 필요가 있다. 사물들의 특질을 적극적인 어떤 것으로 변화시키는 이 투쟁을 인식하게끔 끊임없이 훈련하는 것이야말로 예술가를 공허한 유약함, 내적인 허무에서 지켜주는 것임에 틀림없다. 그런 연후에 이들 다양한 형식들을 한층 더 긴밀히 결합하고 궁극적으로 융합함으로써, 무한한 내용 가운데서 지고의 단순성에 의해 형성된 최고의 미에 과감히 도달하고자 하는 것이 예술가에게 허용되는 것이다.

형식의 완성에 의해서만 형식은 무화될 수 있으며, 또한 이 점은 확실히 특성적인 것에서는 예술의 궁극적인 목적이 된다. 그러나 내용 없는 혼이 무엇보다도 쉽게 달성된 것처럼 꾸미는 조화라는 것이 내적으로는 공허한 것이듯이, 예술에서는 내용의 충실을 결여한, 금방이라도 손에 들어올 듯 보이는 조화 또한 그러한 것이다. 이론이나 가르침을 수행함에서는 정신을 결여한 채로 아름다운 형식들을 그저 모방하는 것에 반대해야만 하며, 더욱이 특히 제멋대로이고 특성마저 없는 예술의 경향에는 단호히 반대해야만 한다. 이런 부류의 예술은 분명 꽤 높은 평판을 얻고 있지만, 그것에 의해 근본적인 조건들을 충족할 수 없는 무능력을 숨기고 있을 뿐이다.

형식의 충실함이 형식 자체를 폐기하는 곳에서 생기는 저 숭고한 미는 빙켈만 이후의 근대 예술이론에 의해 지고한 척도이자 또한 동시에 유일한 척도로 간주되었다.[11] 그런데 그러한 미가 기초해 있는 깊은 근거가 간과되는 까닭에, 아무리 긍정적인 것을 총괄해 넣더라도 어떤 부정적인 개념이 포함되는 사태가 생겨난 것이다. 깊은 샘에서 길어 올린 물의 맛은 담담할수록 건강에 더 좋다고 간주되거니와, 빙켈만은 미를 그러한 물과 비교하고 있다. 최고의 미가 특성 없는 것임은 옳다. 그러나 이것이 옳다는 것은 마치 어떠한 길이도 폭도 깊이도 모두 동일한 무한 속에 포함되어 있기 때문에 우주는 어떤 특정한 치수도 갖지 않는다고 말하는 것과 다를 바 없으며, 또는 창조적 자연의 예술은 어떠한 형식에도 복속되어 있지 않기 때문에 무형식formlos이라고 말하는 것과도 같다. 바로 이 같은 이해에 기초해볼 때, 그리스 예술은 그 최고의 조형에서 비특성적인 것으로 고양되어 있다고 할 수 있다. 그러나 반드시 직접적으로 그리스 예술이 이 비특성적인 것을 추구했던 것은 아니다. 그리스 예술은 자연의 속박에서 이제 비로소 해방되어 신적인 자유로 향했던 것이다. 이 훌륭한 작물이 대지에서 움터 나올 수 있었던 것은 무심결에 흩뿌려진 낟알에서가 아니라 깊이 숨겨져 있던 단 하나의 씨앗에서였을 따름이다. 만물을 생기 넘치게 하고 또 지배하는 자연의 여러 힘에 감명함으로써 얻어진 감정의 격렬한 술렁임이나 상상력의 깊은 감동만이 억제하기 어려운 힘을 예술에 아로새길 수 있었던 셈이다. 그 힘에 의해 예술은 이전 시대의 문화에서 보였던 경직되고 폐쇄된 엄격함에서 벗어나 넘쳐나는 감성적 우미優美, Anmut의 작품들에 이르기까지, 부단히 진리에 대해 충실함을 이어나갔던 것이며, 죽기 마련인 인간에게서 보일 만한 최고의 실재성을 정신적으로 산출해왔던 것이다. 그리스 비극이 도덕적인 것에서의 가장 위대한 성격에서 비롯되듯이, 그리스 조각의 시작은 자연의 엄격성이었다. 즉 엄정한 아테나 여신[12]이 조형예술을 담당하는 최초의 유일한 신이었던 것이다. 이 시기는 빙켈만이 준엄하고도 엄격한herb und streng 양식이라고 명명한 양식에 의해 특징지어진다. 이 양식으로부터 그다음의 고상한 양식은 특성적인 것을 숭고하고도 단순한 것으로 높여가는 것에 의해서만 전개하는 것이 가능했다.[13] 가장 완전한, 즉 신적 자연들의 상像들에는 비단 인간적 자연 일반에서 가능한, 형식들의 충실함만이 결합되어야 했던 것은 아니다. 그 결합은 또한 우리가 우주 자체에서 상정할 수 있는 종류의 것이지 않으면 안 되었다. 즉 더 낮은 또는 더 미천한 특성에 관계된 형식이 더 높은 형식 아래로 수용되고, 궁극적으로는 모든 것이 지고한 유일 형식 아래로 수용되어야 했다. 그 지고한 형식에서는 여러 형식들이 서로 특수적인 것으로서는 분명 소멸되지만 그러나 본질이나 힘에서 보자면 여전히 존립하고 있었던 것이다. 그러므로 특성적이라는 말에서 현상에 관한 제한과 제약이 생각되는 한, 우리는 이 고귀하고 자족적인 미를 특성적이라고 일컬을 수는 없지만, 거기에는 여전히 구별할 수 없는 채로나마 특성적인 것이 계속 작용하고 있었던 셈이다. 예를 들면, 수정 속에는 투명하게 보이면서도 조직의 결이 존재하는 것처럼 말이다. 특성적인 요소 하나하나가 비록 고요하게나마 함께 요동하여 미의 숭고한 무차별성을 실현하도록 돕고 있는 것이다.

모든 미의 외관 또는 기반이 되는 것은 형식의 미이다. 그러나 본질을 결여한 형식이란 존재할 수 없으므로, 적어도 형식이 존재하는 곳에서는 가시적이거나 단지 감응 가능하게나마 특성도 현실로 존재한다. 그러므로 특성적인 미Charakteristische Schönheit는 결국은 미의 결실이 생기는 근원 속에 있는 미 같은 것이다. 본질은 형식을 넘어 성장할 터이지만, 그때도 특성적인 것은 여전히 미의 활동적인 기초로 남아 있을 것이다.

신들이 자연과 예술이 통합되는 왕국을 맡겼노라고 말하는, 가장 탁월한 이 방면의 전문가[14]는 미와 관련되어 있는 특성적인 것을 생명 있는 형태와 관련되어 있는 골격에 비교한다.[15] 만일 이 비유를 우리의 맥락에서 해석해보자면, 다음과 같이 말할 수 있을 것이다. 즉 자연에서의 골격은 우리의 사상에서의 그것과는 달리 살아 있는 전체로부터 분리되어 있는 것은 아니다. 다시 말해 단단한 것과 연한 것, 규정하는 것과 규정받는 것은 서로를 전제하며, 양자는 단지 상호적으로만 존재할 수 있을 따름이다. 바로 그 때문에 살아 있는 특성적인 것은 뼈와 살, 능동적인 것과 수동적인 것의 상호작용에서 생겨난 전체적 형태인 것이다. 예술도 자연과 마찬가지로 자신의 한층 높은 단계들에서는 최초에 보였던 골격들을 안쪽으로 억제한다고 할 때, 골격은 결코 형태나 미와 대립될 수 없다. 왜냐하면 예술에서의 골격은 이 둘 중 어느 것에 대해서도 규정적으로 협력하기를 중지할 수 없기 때문이다.

그런데 저 고귀하고 무차별적인 미가 최고의 것으로 여

겨지지만, 과연 예술에서도 마찬가지로 최고의 유일한 척도로 간주되어야 하는가? 이 문제는 특정한 예술이 작동하는 때의 외연〔회화〕과 충일〔조각〕의 정도에 달려 있는 것으로 보인다. 그런데 자연이란 본디 그 광범한 영역에서 차원이 더 높은 것과 더 낮은 것을 동시에 제시하는 것이라면, 자연은 인간 속에서 신적인 것을 창조하되, 다른 모든 산물들에서는 그 속에 마땅히 있어야 할 신적인 것의 단순한 소재나 기초 또한 작용케 한다. 이는 바로 이 소재나 기초와의 대립에 의해 본질 자체가 나타나도록 하기 위함이다. 확실히 인간 그 자체라는 더 높은 세계에서는 대다수의 것들이 다시금 기초를 이루며 게다가 더 소수의 것들 속에 순수하게 포함되어 있는 신적인 것이 입법, 통치, 신앙의 확립을 통해 고지된다. 그러므로 예술이 자연의 다양성과 협력하는 일이 많은 경우에는, 예술은 미의 최고 척도 외에 또한 예술의 기초를 이루는 것, 말하자면 소재를 그 자신의 특유한 조형에 의해 나타내는 것이 허용되며, 또한 나타내지 않으면 안 되는 것이다. 여기에서 비로소 분명하게 예술형식들의 다양한 성질이 전개된다. 좀 더 정확한 의미에서의 조각은 대상에 공간을 외적으로 부가하는 것을 거부한다. 조각의 대상은 공간을 자신 속에 지닌다. 바로 이 점이 조각으로 하여금 더 크게 확대되는 것을 금하고 있다. 실로 조각이라는 것은 삼라만상의 미를 하나의 점點으로 집약시켜 나타내지 않으면 안 된다. 그러므로 조각은 직접적으로 지고의 것을 추구해야 하며, 또한 조각이 다양성에 도달하는 길은 단지 제각각으로, 즉 서로 대립하는 것을 지극히 엄격하게 분리함으로써만 가능하다. 조각은 인간적 자연에서 순수하게 동물적인 것을 분리함으로써 더 낮은 차원의 피조물들을 조화된 모습으로, 심지어 아름다운 모습으로 만들 수 있다. 그 점을 보여주는 것이 고대부터 전승되어온 많은 목양신牧羊神, Faun들[16]의 미이다. 쾌활한 자연정신이 자기 자신을 패러디하듯이,[17] 조각은 그 고유의 이상을 전도할 수 있다. 예를 들면 유쾌하고 익살맞은 처리에 의해 실레노스Silenos[18]의 모습을 과장함으로써, 물질의 압박에서 해방되어 있는 것처럼 보일 수 있다. 그러나 조각에서는 개개의 것들의 부조화를 해소할 수 있는 더 높은 통일은 존재하지 않기 때문에, 조각이 작품을 자기 자신과 일치시키고 그 자체의 세계로 가져오기 위해서는 항상 이것을 작품으로서 완전히 독립시키지 않으면 안 된다. 이에 견주어, 회화는 그 규모에서 오히려 세계와 비교되며 서사시적인 확장을 기하면서 그려질 수 있다. 《일리아드》에서는 테르시테스 같은 인물에게도 활동의 여지가 주어져 있다. 그리고 실로 자연이나 역사의 위대한 영웅시에서는 그 무엇이든 허용되지 않는 것이 있는가! 여기에서는 개별적인 것들이란 그 자체로서는 아무런 중요성도 갖지 않는다. 개별적인 것의 자리에 전체가 들어서고, 그리하여 그 자체로서는 아름답지 않을 수 있는 것이 전체의 조화에 따라 아름다운 것이 된다. 다양한 형태들을 부수적 공간, 빛, 그림자, 반영과 결합시켜 공간적 확장을 도모하는 회화작품에서는 만약 최고도의 미가 무차별적으로 곳곳에 적용된다면, 이러한 적용을 통해 지극히 반反자연적인 단조로움이 생겨나게 될 것이다. 왜냐하면 빙켈만이 말하듯이 미의 최고 개념이라는 것은 어디에 있더라도 전적으로 동일하며 예외를 허용하지 않기 때문이다. 원래 전체가 다양성으로부터 생겨나는 곳이라면 어디든 간에 개별적인 것은 전체에 따라야 하지만, 이 경우는 개별이 전체에 우선하게 된다. 그렇기 때문에 이러한 〔회화〕작품에서는 우선 미의 단계라든가 차등화가 발견될 필요가 있다. 이 차등화에 의해 비로소 중심에서 집약되는 완전한 미가 가시화하며, 개별의 우세에 의한 부조화에서 벗어나 전체에서의 균형이 생기는 것이다. 여기에서는 제한된 특성적인 것도 그 장소를 얻고 있다. 적어도 이론은 화가에게, 미적인 것 모두를 응집하고 있는 저 좁은 공간보다는 오히려 자연의 특성적인 다양성을 지시해야 할 것이다. 이 다양성을 통해서만 화가는 작품을 더욱 위대한 것으로 만들고, 충분한 무게를 지닌 생생한 내용을 부여할 수 있는 것이다. 그렇게 생각한 것이 근대예술의 창시자들 중에서도 탁월한 작가인 레오나르도 다빈치[19]이자 고귀한 미의 거장 라파엘로[20]였다. 라파엘로는 어떤 고귀한 미를 창출하는 것뿐만 아니라 그 무차별성을 표현의 다양성에 의해 다시금 깰 방법을 알고 있었지만, 단조롭고 생명력 없이 비현실적으로 표현하기보다는 오히려 미의 저차적인 수준까지도 대담하게 제시하려고 했다.

왜냐하면 특성Charakter이라는 것은 분명 고요함, 형식의 균형 속에서도 표현될 수 있지만, 그것은 그럼에도 활동하는 가운데에서만 비로소 본연의 의미에서 생생한 것이 되기 때문이다. 특성이라는 말을 우리는, 언제나 일정한 균형과 절도를 지향하는 힘들의 통일이라는 뜻으로 이해한다. 물론 이러한 이해가 방해받지 않는 경우에는, 특성이라는 말에는 형식들의 조화로서 나타나는 유사한 균형이 상응한다. 그러나 행위나 활동으로서의 저 생생한 표현이 나타나지 않으면 안 된다고 한다면, 이는 이 힘들이 무언가의 원인에 의해 이반되도록 유발되고 균형이 깨지는 경우 말고는 불가능하다. 이것이 격정의 경우임은 누구나 인정하는 바이다.

그런데 잘 알려져 있는 규정이 여기서 나타나는데, 그것은 바로 형식의 미가 손상되지 않기 위해서는 격정이 실제로 폭발하는 것을 최대한 억제할 필요가 있다는 이론적 규정이다. 그러나 이 규정은 우리 생각에는 오히려 거꾸로 다음과 같이 표현되어야 한다. 즉 격정은 바로 미 자체를 통해 완화되어야 하는 것이다. 진정 요구되는 점은 오히려 격정에 맞서 어떤 적극적인 힘을 대항시키는 일이므로, 완화가 요구되면서도 그것이 부정적으로만 파악되는 것은 엄격하게 주의해야 한다. 왜냐하면 덕이라는 것이 격정의 부재에서가 아니라 그것을 뛰어넘는 정신의 힘에 존재하는 것이듯이, 미는 격정을 멀리하거나 이것을 억제하는 것에 의해서가 아니라 그것을 넘는 미의 힘에 의해 지켜지기 때문이다. 따라서 격정의 힘들은 실제로 나타날 수밖에 없지만, 설령 그 힘들이 충분히 분출될 수 있다 하더라도 특성의 힘에 의해 가라앉혀지게 마련이다. 그리하여 마치 해안가로 밀려들면서도 이를 넘어설 수 없는 파도처럼, 확고한 미의 형식들에는 격정의 힘들이 산산이 부서지는 것이 목도되는 것이다. 그렇지 않으면, 격정을 완화하려고 하는 시도 또한, 마치 사람들과 잘 어울리기 위해 스스로 나서서 자신의 본성을 해쳐가면서까지 행동에서의 적극적인 모든 것을 모조리 제거해버린 천박한 도덕주의자의 시도와 다를 바 없을 것이다. 그리하여 이 경우, 대중은 무언가 적극적인 것을 봄을 통해 마음을 고양시키고자, 터무니없이 범죄의 광경을 즐기게 될지도 모른다.

자연이나 예술에서 본질은 우선 개별적인 것 속에서 자기 자신을 현실화하거나 표출하려고 노력한다. 그러므로 이 둘 모두의 최초 시기에는 형식에 최대의 엄격함이 나타난다. 왜냐하면 한계 짓지 않고서 무한한 것은 나타날 수 없기 때문이다. 엄격함을 결여해서는 온화함은 없으며, 통일이 감지될 수 있는 것이면 이는 단지 특성 · 분리 · 충돌을 통해서만 생길 수 있는 것이다. 그러므로 최초에는 창조적 정신은 완전히 형식 속에 자취를 감추고 있어서 접근하기 어려울 만큼 폐쇄적인 것으로 보인다. 그리고 대체로 아직 엄격함이 느껴진다. 그러나 정신이 그 완전한 충실함을 하나의 피조물 속에 결집하는 데 성공할수록, 점차 엄격함이 사라진다. 그리고 이 창조적 정신이 형식을 완성해냄으로써 그 속에서 만족하여 휴식하고 자기 자신을 파악하게 될 때, 정신은 말하자면 쾌청한 것으로 바뀌고 부드러운 선을 그리며 운동하기 시작한다. 이것은 바로 가장 아름다운 성숙과 개화開花의 상태로, 여기에서는 맑은 도관導管이 완성되어 존재하며 자연정신이 속박에서 해방되어 영혼과의 친연성을 감지한다. 마치 온갖 형상 위로 떠오르는 잔잔한 아침 해에 의해서처럼, 영혼은 자신의 도래를 그렇게 알리는 것이다. 그러나 영혼은 아직 거기에는 없다. 하지만 만물은 부드러운 미동의 고요한 유희를 통해서 영혼을 받아들일 채비를 하고 있다. 즉 경직된 윤곽은 녹아내리고 유연한 윤곽으로 누그러지는 것이다. 감성적이지도 또 정신적이지도 않은, 파악하기 어려운 온화한 본질이 형태에 널리 퍼지며, 또한 그것이 모든 윤곽, 수족의 모든 운동 각각에 고루 미치는 것이다. 이미 말했듯이, 파악하기 어렵지만 모든 사람들에게 감지될 수 있는 이 본질이야말로 그리스어로 카리스Charis, 우리의 언어로는 우미優美라고 불리는 것이다.

완성된 형식에서 우미가 나타나는 곳에서는, 작품은 자연편으로부터 완성되어 있다. 이 작품에는 더 이상 결여되어 있는 것이 없으며 모든 요구가 충족되어 있다. 여기에서도 이미 영혼과 육체는 완전한 조화 속에 있다. 즉 육체가 형식이며 우미가 영혼이다. 다만 이때의 영혼은 혼 자체가 아니라 형식의 혼, 즉 자연의 혼Naturseele이다.

예술은 이 지점에 머무르는 것이 가능하다. 왜냐하면 하나의 측면에서 보면, 적어도 예술의 과제 전체가 이미 충족되어 있기 때문이다. 이 단계에 머물러 있었던 미를 그야말로 상징하는 것이 사랑의 여신[21]이다. 그러나 감성적 우미와 융합된 혼 자체의 미, 이것이 자연의 최고 신성화이다.

자연의 정신은 외견상으로는 단지 혼과 대립하고 있는 듯하지만, 그 자체로는 혼의 계시를 위한 도구이다. 자연의 정신은 분명 사물들과 대립하지만, 그러나 그것은 단지 유일한 본질이 모든 힘들의 최고의 온화함과 화해로 나타날 수 있도록 하기 위함이다. 다른 모든 피조물들은 순수한 자연정신에 의해 이끌리며, 이것에 의해 자신들의 개별성을 주장한다. 그런데 마치 중심점인 것처럼 인간에게서만 영혼이 싹튼다. 이 영혼 없이는 세계는 태양 없는 자연 같은 것일 터이다.

그러므로 영혼은 인간에게는 개성의 원리가 아니라, 인간이 모든 자기성自己性을 극복하고 자기희생, 공평무사한 사랑, 그리고 무엇보다도 사물의 본질을 관찰하고 인식하는 것, 나아가 예술을 가능하게 하는 원리이다. 영혼은 더 이상 물질과 관계하거나 이와 직접 교섭하는 것이 아니라, 단지 사물의 생명으로서의 정신과 관계하는 것이다. 영혼은 육체 속에서 나타나면서도 육체에 속박되는 것은 아니다. 영혼 내에서의 육체에 대한 의식은 가장 아름다운 형성물들 내에서 그러하듯, 마치 영혼을 어지럽게 하는 법이 없는 가벼운 꿈처럼 요동하고 있는 것이다. 영혼은 어떤 특별한 성질도 능력도 아니며 또는 특히 그 어떠한 종류의 것도 아니다. 즉 영혼은 무언가를 아는 것이 아니라 앎이며, 선한 어떤 것이 아니라 선 자체이며, 육체가 아름답다고 할 때의 아름다운 어떤 것이 아니라 아름다움 자체이다.

우선은 당장 예술작품에서 예술가의 영혼이 나타난다. 이 영혼은 개개 부분들에서는 창안을 통해 나타나며, 개개 부분들을 지배하는 통일로서 고요한 평온 속에 감돌 때는 전체 속에서 나타난다. 그러나 영혼은 표현된 것 속에서 가시화해야 한다. 즉 인간의 본질이 온전히 하나의 개념에 채워지고 거기에 걸맞게 고찰되는 경우에는, 사상의 근원력으로서 또는 내재하는 본질적 선으로서 가시화해야 하는 것이다. 양자는 또한 정적인 상태에서도 확실히 표현되지만, 영혼이 활동적으로, 그리고 대립 속에서 나타날 수 있는 때에는 한층 더 생생하게 표현된다. 생의 평화를 방해하는 것은 주로 격정이기 때문에, 영혼의 아름다움은 특히 격정의 폭풍 속에서의 고요한 힘에 의해 나타나는 것으로 보인다.

그러나 여기에서 하나의 중요한 구별이 이루어져야 한다. 왜냐하면 좀 더 차원 낮은 자연정신들의 분출에 지나지 않은 격정을 완화하기 위해 영혼이 불러들여질 필요는 없으며, 또한 영혼은 그러한 격정과의 대립에서 나타나는 일은 없기 때문이다. 말하자면 사려 깊음이 아직 이 격정과 맞붙어 있는 경우에는 영혼 일반이 아직 출현하지 않은 상태이기 때문이다. 이러한 격정은 이미 인간의 본성, 정신의 힘에 의해 억제되고 있음에 틀림없다. 그러나 그저 단일한 힘이 아니라, 사려 깊은 정신 자체가 모든 둑을 깨고 나아가는 한 차원 높은 사태가 존재한다. 예를 들면 영혼조차도, 그것이 감성적인 존재와 연결되어 있는 끈에 의해, 영혼 본연의 신적 자연과는 걸맞지 않은 그러한 고뇌에 복종하는 경우, 그리하여 인간이 단순한 본성 자체의 힘에 의해서가 아니라 인륜적인 힘에 의해 자기를 억제하면서도 그 생의 근원이 침해당했다고 스스로 느끼는 경우, 또는 부당하고 이유 없는 과실 탓에 범죄에 휘말려 들어가고 그 때문에 불행에 빠지면서도 그릇된 행위였음을 깊이 뉘우치면서 인간성의 가장 신성한 감정을 분출시켜내는 경우가 그러하다. 바로 이 점이, 고대 비극이 우리에게 역력히 보여주는, 진정 숭고한 의미에서의 온갖 비극적 상황의 사례이다. 격정적인 힘들이 맹목적으로 마구 자극받고 있을 때는 사려 깊은 정신이 항상 미의 보호자로서 입회한다. 그러나 정신 자체가 흡사 저항하기 어려운 힘에 의해서처럼 이리저리 잡아 찢겨지는 경우, 그 힘을 감시하고 신성한 미를 지키는 것은 과연 어떠한 힘인 것인가? 또는 영혼마저도 공히 고뇌를 겪는다고 한다면, 영혼은 어떻게 고통으로부터 자신을 구제해내고 신성모독으로부터 자신을 지키는 것일까?

고뇌나 격앙된 감정의 힘을 자의적으로 억제하는 것은 예술의 의의나 목적을 위반하게 되며, 예술가 자신의 감각이나 영혼의 결여를 나타낼 것이다. 미가 위대하고 확고한 형식들에 기초해 성격화되었다면, 이미 그것으로 예술은 조화를 해치지 않으면서 감각의 위대함 전체를 나타내는 수단을 마련한 것이다. 왜냐하면 미가 확고부동한 줄기둥 같은 강고한 형식들을 기초로 하여 서 있는 경우에는, 감각에 닿지 않을 정도의 미세한 변화만으로도 우리에게는 이 변화를 초래해야 했던 큰 힘이 짐작되기 때문이다. 우미는 그 이상으로 고뇌를 한층 신성화한다. 우미의 본질은 그것이 자기 자신을 알고 있지 않다는 점에 기초해 있다.[22] 원래 우미는 스스로 원해서 얻어지는 것은 아니지만, 마찬가지로 또한 뜻대로 사라질 수도 없다. 참기 어려운 고뇌, 신의 징벌에 의해 내려진 광기가 의식과 분별력을 빼앗는 일이 있더라도, 우미는 여전히 고뇌하는 인물의 모습에 수호신으로서 바싹 다가온다. 그리고 또한 인간성에 어울리지 않는 것이나 인간성에 어긋나는 것을 그만두게 하여, 설령 그가 몰락한다고 해도 적어도 순결무구한 희생자로서 스러지게 하는 것이다. 아직 영혼 자체의 표현은 아니지만, 영혼의 예감을 가져오는 것, 그것은 영혼의 신적인 힘을 통해 야기되는 것으로, 우미는 자연의 작용을 통해 고뇌, 경직, 아니 죽음까지도 미로 변모시킴으로써 영혼을 예감하게 한다.

그렇지만 이 가장 기피해야 할 것 속에서조차 입증되는 우미도, 영혼에 의한 정화 없이는 죽은 것이나 마찬가지이다. 그러나 이러한 상황에서 어떠한 표현이 영혼에 어울리는 것일 수 있는가? 영혼이 고뇌를 극복한다기보다는 고뇌로부터 자신을 구제하고 승리를 구가하는 자신의 모습을 드러내는 것은 바로 영혼이 감성적인 현실존재와의 끈을 단절함을 통해서이다. 자연정신은 현실존재를 유지하기 위해 힘을 쏟지만, 영혼은 이 싸움에는 가담하지 않는다. 그러나 영혼의 현존만으로도 고뇌하는 생의 격동을 진정시키는 힘이 있다. 어떠한 외적인 힘도 단지 외적으로 선한 것들을 빼앗을 수 있지만, 영혼까지는 손이 닿지 않는다. 시간적인 끈은 잡아떼어낼 수 있더라도 진정 신적인 사랑의 영원한 끈의 매듭은 풀어버릴 수 없다. 영혼은 경직되고 무감한 방식도 아니고 사랑 자체를 포기하지도 않으면서, 오히려 고뇌 속에서 이 사랑만이 감성적 현실존재를 견디어내는 감정임을 내보이며, 그리하여 영혼은 외적인 생이나 행복의 폐허 위에서 신의 영광에 싸여 드높여지는 것이다.

이것이 니오베상像의 작가가 우리에게 제시한 영혼의 표현이다.[23] 여기에는 소름 끼치는 것까지도 완화해 나타내는 예술의 모든 수단이 사용되어 있다. 형식들의 힘, 감성적 우미, 대상 자체의 자연이 표현을 완화시키는 것이다. 어떠한 표현으로도 미치지 못하는 고뇌가 다시금 표현 자체를 파기시키고, 살아 있는 상태에서는 구제하는 것이 불가능하게 보였던 미가 소리 없이 다가오는 경직화의 작용에 의해 훼손되는 것으로부터 지켜지는 것이다. 하지만 영혼을 결여해서는 대체 무엇이 있을까? 그리고 영혼은 어떻게 계시되는 것인가? 우리가 어머니〔니오베〕의 얼굴에서 인지하는 것은 이미 스러진 꽃처럼 사랑하는 자식들을 잃은 비통함만도 아니고, 엄마 품을 놓친 하나 남은 막내딸만큼은 구하고자 하는 데서 오는 죽음에 대한 불안도 아니다. 잔혹한 신들을 향한 분노도 아니고, 하물며 하나하나 짚어가며 말하고 있는 듯한 냉철한 반항도 아니다. 우리는 그런 모든 것들을 인지하지만, 그것 자체로서가 아니라 고통, 염려 그리고 분노를 관통하여 신의 빛처럼 영원한 사랑이 오로지 변하지 않는 것으로서 온통 반짝반짝 빛나며, 이 사랑 속에서 사랑하는 자식들과의 영원한 끈에 의해 결합되어 있는 어머니 그 자체가 지금 바로 이 자리에, 과거 일찍이 없었던 정도의 확실성으로 증명되는 것이다.

영혼의 위대함, 순수함, 그리고 선함이 감성적 표현을 지닌다는 것은 누구나 인정하는 점이다. 물질 속에서 작용하는 원리가 영혼과 친근하고 영혼과 유사한 성질의 것이 아니라면, 어떻게 이러한 점이 생각될 수 있겠는가? 그런데 영혼의 표현에는 다시금, 이것이 단지 특성적인 것과 결부되어 있는가 아니면 우아함이나 우미와 가시적으로 융합되어 있는가에 따라, 예술의 여러 단계가 존재한다. 소포클레스 작품들 속에 완전히 자리 잡고 있는 저 높은 도덕성이 아이스킬로스의 비극에도 이미 존재해 있다는 것을 간파하지 못하는 사람이 있을까?[24] 하지만 그런 도덕성도 아이스킬로스의 작품에서는 아직 엄격한 외피로 싸여 있으며, 전체에 그것이 전해지고 있지는 않다. 왜냐하면 아직은 감성적 우미와의 결합에서 결여된 바가 있기 때문이다. 그럼에도 불구하고 당초의 예술이 드러내는 이러한 엄격함이나 여전히 두려움을 지닌 우아함Grazie으로부터 소포클레스적인 우미가 출현할 수 있었다. 이러한 우미와 더불어 도덕적 우아함과 감성적 우미라는 두 요소가 완전히 융합하여 나타난다. 그러므로 이 시인의 작품에서 우리를 매혹하는 것이 도대체 어느 쪽인지 전혀 결정할 수 없는 것이다. 바로 이 점은 아직 엄격한 양식의 조각작품들을 좀 더 나중의 온화한 특성을 띤 조각작품들과 비교해볼 때에도 해당되는 점이다.

만일 우미가 자연정신의 정화일 뿐만 아니라 도덕적 선과 감성적 현상을 연결하는 수단이기도 하다면, 왜 예술이 모든 방향으로부터 그 중심점으로서 우미를 향해야만 하는가라는 점이 저절로 밝혀진다. 도덕적 선이 충분히 널리 퍼진 곳에서 감성적 우미를 동반하여 나타나는 이 미는, 우리가 그것을 발견하는 경우, 어떤 기적의 힘으로 우리를 감동케 하고 매료시킨다. 왜냐하면 자연정신은 보통은 도처에서 영혼과는 관계없는, 오히려 어느 정도 영혼에 반항하는 것으로 모습을 나타내기 때문에, 자연정신은 여기에서는 마치 스스로 자진해서 일치를 바라기나 한 것처럼, 신적 사랑의 내적 불꽃에 의해 혼과 융합되어 있는 것으로 보이기 때문이다. 그때 보이는 것 속에서 돌연 뜻하지 않게, 하지만 명료하게 자연의 본질과 혼의 본질의 근원적 일치가 상기되는 것이다. 그것은 사랑이 모든 본질의 끈이고, 순수한 선이 창조 전체의 근원이자 내용이라는 확신이다.

여기서 예술은 말하자면 자신을 뛰어넘으며 자기 자신을 다시금 수단으로 삼는다. 이 정점에서 감성적 우미 또한 다시금 더 높은 생의 단순한 외피이자 육체가 된다. 전에는 전체였던 것이 부분으로 다루어지며, 예술과 자연의 지고한 관계는 예술이 영혼을 자신 속에서 가시화하는 수단으로 자연을 이용함으로써 달성되는 것이다.

그러나 식물계의 개화처럼 이러한 예술의 개화에서도 이전의 모든 단계들이 반복된다고 한다면, 또한 거꾸로 어떻게 서로 다른 방향들을 향해 예술이 저 중심점으로부터 걸어 나올 수 있는지가 통찰될 수 있다. 특히 조형예술의 두 형식들 간의 본래적 차이가 여기에서 그 최대의 작용 속에서 분명해진다. 왜냐하면 조각에 대해, 그 이념은 구체적인 사물들을 통해 표현되는 것이므로, 지고한 것은 바로 혼과 물질 간의 완전한 균형 속에서 존재해야 하는 것으로 보이기 때문이다. 즉 만일 조각이 물질보다 우위를 차지한다면, 조각은 자신의 이념 이하의 것으로 몰락할 수밖에 없다. 그러나 또한 조각이 자기 자신을 넘지 않으면 안 된다고 해서, 물질을 희생으로 삼아 혼을 높인다는 것은 전적으로 불가능해 보인다. 완벽한 조각가는 빙켈만이 〈벨베데레의 아폴론〉[25]을 두고 말하고 있듯이 분명 그 작품에 자신의 정신적 의도를 달성하는 데 필요한 이상으로는 더 이상 물질을 취하려 하지 않지만, 또한 반대로 물질 속에 동시에 표현되어 있는 이상으로는 힘을 더 이상 혼에 기울이려 하지 않을 것이다. 왜냐하면 그의 예술은 정신적인 것을 온전히 물체적으로 표현하는 데 의거해 있기 때문이다. 그러므로 조각이 그 표현의 정점에 도달할 수 있는 것은, 이념 또는 혼에는 일찍이 존재하는 그러한 자연들 전체가 현실에서도 항상 존재하는 것이 필연이라고 해석되는 그러한 자연들, 즉 신적 자연들에서의 일이다. 따라서 조각은, 비록 어떠한 신화도 선행하지 않았다고 해도, 자기 자신을 통해 신들에 이르게 되었고, 신들을 발견하지 못한 때에는 신들을 창출했을 것이다. 더군다나 더 깊은 단계에서의 정신은, 그것이 활동과 운동의 원리이고 물질이 정지와 비활동의 원리인 점에 의해 일찍이 우리가 영혼에 부여한 바와 동일한 관계를 다시금 물질에 대해 맺게 된다. 따라서 표현이나 격정을 완화시키는 법칙은 조각의 자연에서 생기는 하나의 근본법칙이 될 것이다. 그러나 이 법칙은 단지 낮은 차원의 격정에서가 아니라, 이렇게 말하는 것이 허용된다면 바로 영혼이 경건한 기도나 황홀경 속에서 이를 수 있는 그보다 높은 차원의 신적 격정에 들어맞는 것이다. 이 격정에서 면제되어 있는 것은 신들뿐이며, 따라서 조각은 이러한 측면에서도 신적 자연들의 조형으로 이끌린다.

그러나 회화는 조각과는 성질이 전혀 다른 것으로 보인다. 왜냐하면 회화는 조각처럼 물체적 사물들에 의해 표현하는 것이 아니라 빛과 색에 의해, 따라서 비물체적이고 거의 정신적인 수단으로 표현하기 때문이다. 또한 회화는 그 상像들을 결코 대상 자체라고 칭하는 것이 아니라 분명히 상들로 여겨지기를 바란다. 그러므로 회화는 그 자체로 이미 조각처럼 물질을 중시하는 것이 아니다. 이러한 이유에서 소재를 정신보다 우위에 두게끔 한다면, 자기 자신으로부터의 퇴락은 회화에서는 동일한 경우의 조각보다 한층 더 심해지지만, 그 대신 그만큼 더 큰 권한으로 영혼에 명확한 우월성을 인정할 수 있는 것으로 보인다. 회화가 지고의 것을 지향하는 경우, 물론 격정을 인격에 의해 순화하거나 우미에 의해 완화하거나 아니면 격정 속에서 영혼의 힘을 내보이는 것이지만, 그러나 또한 다른 한편으로는 영혼과 지고한 존재자 간의 친연성에 기초하는 더 높은 격정들이야말로 회화의 본성에 완전히 일치하는 것이다. 즉 조각의 경우에는 바깥을 향해 존재하게끔 하는 동시에 자연 속에서 작용하도록 하기 위한 힘을 안을 향해 존재하게끔 하면서 영혼으로서 살아가도록 하기 위한 힘과 완전히 평형을 이루며, 공공연히 드러난 고뇌 자체를 소재에서 제거하는 것이라고 한다면, 그에 반해 회화는 이 소재에서 영혼에 이롭게 하기 위해 힘과 활동의 성격을 완화시켜, 헌신과 인내의 성격으로 변하게 해버릴 것이다. 그것에 의해 그 인간은 영혼의 시사나 더 높은 차원의 영향력 일반에 의해 감응하기 쉬워지는 것이다.

이 같은 대조만으로도 이미, 고대에는 조각이, 그리고 또한 근대세계에서는 회화가 필연적으로 우위를 차지하게 되는 점이 설명된다. 즉 고대는 철저하게 조각적 지향을 지니지만, 근대세계는 영혼조차도 더욱 숭고한 계시들의 수동적 기관機關, Organ이 되기 때문이다. 이리하여 또한 형식이나 표현에서 조각적인 것을 지향하는 것만으로는 불충분하며, 조각적으로, 즉 고대적으로 사고하고 느끼는 것이 무엇보다 필요하다는 사실이 밝혀진다. 그런데 조각이 회화적인 것으로 일탈하는 것이 예술의 파멸의 원인이라고 한다면, 마찬가지로 회화를 조각의 규칙이나 형식으로 집약해버리는 것은 또한 회화에 자의적으로 부과된 제한인 셈이다.[26] 왜냐하면 조각이 중력처럼 한 점을 향해 작용한다고 한다면, 회화는 빛처럼 세계 공간 전체를 창조적으로 채우는 것이 허용되어 있기 때문이다.

가장 위대한 거장들의 사례와 그들의 역사 자체가 바로 회화의 이러한 무한한 보편성의 증명이다.[27] 그들은 자신들의 예술의 본질을 손상시키지 않고 역사의 모든 특수한 단계를 제각각 완성시켰던 것이다. 그러므로 우리는 대상 속에서 실증될 수 있었던 것과 동일한 경과를 예술의 역사에서도 다시금 발견할 수 있다.

분명 그것은 엄밀히 시대순으로 본 것은 아니지만, 그 업적으로부터 볼 수 있는 것이다.[28] 왜냐하면 예컨대 미켈란젤로[29]에 의해, 그와 같이 자유로워진 예술의 가장 오래되고 가장 강력한 시기, 즉 그 엄청난 소산들에서 구속되지 않은 힘을 보여주는 시기가 표현되기 때문이다. 그것은 마치 상징적인 태고의 시가들에 따르면, 우라노스의 포옹 이후 평화로운 신들의 온화한 왕국이 나타나기에 앞서 대지가 우선 티탄 신족과 천상을 위협하는 거인족을 새로 만들어낸 것과 같다.[30] 바로 그렇게 저 대천재가 자신의 예술의 총괄로서 시스티나 성당을 메운 작품 〈최후의 심판〉은 우리에게 세계 종말의 시대보다 오히려 시초의 시대나 그 탄생을 떠올리게 하는 것이다. 유기적인 형태, 특히 인간적인 형태의 가장 깊이 숨어 있는 근거들로 이끌리면서, 그는 무섭고 끔찍한 것을 피하지 않는다. 아니 도리어 이 무섭고 끔찍한 것을 의도적으로 추구하며 자연의 어두운 작업장에서의 안온함을 방해하는 것이다. 섬세함이나 우미, 쾌적함의 결여를 그는 극도의 강건함으로 메우려고 한다. 그의 표현이 사람들을 경악케 하는 것이라고 한다면, 그것은 전설에 있듯이 노회한 신 판Pan이 갑자기 인간 집단에 모습을 나타내 퍼뜨리는 공포 같은 것이다.[31] 자연은 통상 대립하는 특성들의 분리와 배제에 의해 예사롭지 않은 것을 산출하는 것이지만, 미켈란젤로의 경우 근대의 회화 속에서 순수하게 조각적인 힘의 최고의 것을 나타내기 위해 영혼의 우미나 감정에 대한 감각보다 오히려 엄숙함이나 심원한 자연력이 지배해야만 했던 셈이다.

최초의 힘과 격렬한 충동이 진정된 뒤에, 영혼 안에서 자연정신이 정화되며 또한 우아함Grazie이 탄생된다. 예술이 이 단계에 도달한 것은 레오나르도 다빈치 이후로는 코레조[32]에 의해서이다. 코레조의 작품들에서는 감성적 영혼이 미의 작용인이다. 그가 묘사한 형태들의 부드러운 윤곽뿐만 아니라, 고대 작품들의 순수하게 감성적인 자연의 형식들과 가장 비슷한 형식들에서도 이 점이 분명하게 나타난다. 그의 작품들에서는, 대지를 크로노스의 평온한 통치[33]에 맡긴 예술의 참된 황금시대가 개화하고 있다. 여기에서는 장난치는 천진난만함이라든가 꾸밈없이 즐거워하는 얼굴에서 쾌활한 욕구,

어린아이 같은 즐거움이 엿보인다. 바로 여기에서는 예술의 사투르누스 제祭[34]가 벌어지는 것이다. 저 감성적 영혼의 전체적 표현을 이루는 것은 코레조가 다른 누구보다도 훌륭하게 완성한 명암법이다. 왜냐하면 화가에게 물질을 대신하는 것은 음영이며, 그리고 이 음영이야말로 사라지기 쉬운 빛이나 영혼의 현상을 화가가 정착시키기 위한 소재가 되기 때문이다. 그러므로 밝음과 어두움의 양 요소에서 단 하나의 것, 즉 하나의 육체인 동시에 하나의 영혼이기도 한 것이 생길 정도로 밝음과 어두움이 융합하면 융합할수록, 그만큼 정신적인 것은 물체적인 것으로, 물체적인 것은 정신적인 것으로 더욱더 고양되어 보인다.

자연의 제약이 극복되고 최초의 자유로운 성과인 거대한 것이 배제되며 형식과 형태가 영혼의 예감에 의해 미화된 후 하늘은 맑게 개며, 완화된 지상적인 것은 천상적인 것과, 또 이것은 다시금 온화하게 인간적인 것과 결합된다. 라파엘로는 청명한 올림포스산의 자산을 계승하여 우리를 지상에서 그곳으로, 영속적이고 지복한 존재자인 신들의 회합으로 이끈다. 가장 세련된 생의 개화, 정신의 향신료와 함께 상상력의 향기가 그의 작품에서 하나가 되어 발산된다. 그는 더 이상 화가가 아니라 철학자이며 동시에 시인이다. 그의 정신의 힘을 돕는 것은 예지이다. 그가 그리는 대로, 사물은 영원한 필연성 속에 질서지어지고 있다. 그에게서 예술은 그 목적을 달성한 것이며, 신적인 것과 인간적인 것의 완전한 균형은 거의 단 한 지점에서만 존재할 수 있기 때문에, 그의 작품들에는 유일무이함이라는 인장이 찍혀 있다.[35]

이로부터 회화는, 자신 속에 기초해 있는 모든 가능성 하나하나를 충족하기 위해서는 오로지 한 방향으로만 진전할 수 있었던 셈이다. 이후의 예술 혁신에서도 설령 어떠한 것이 기도되고 다양한 방향들로 향한 시도가 이루어졌다고 하더라도, 이 위대한 거장들의 세력권을 일종의 필연성을 띠고서 종결하는 데 성공한 것은 단 한 사람이었던 것으로 보인다. 옛 신들의 이야기 권역을 끝낸 것이 프시케[36]의 새로운 우화이듯이, 회화는 자신이 혼에 부여한 우월성에 의해, 비록 더 높은 단계는 아니지만 또 하나의 새로운 예술 단계를 취할 수 있었던 셈이다. 이것을 지향한 인물이 귀도 레니 Guido Reni[37]로, 그는 바로 혼을 그리는 화가가 되었다. 불확실하기 일쑤이고 또 그의 작품 다수에서 곧잘 모호한 것으로 도망쳐버리는 그의 지향은 모두 이러한 영혼의 표현을 추구한 때문이라고 해석되어야 할 듯하다. 이 점을 해명해주는 것이, 아마 그 외에도 있지만 극히 적은 그의 작품들과 함께 우리 국왕의 훌륭한 수집 속에서 공개 전시되고 널리 경탄의 대상이 되어 있는 그의 걸작 한 점[38]이다. 하늘을 향해 날아오르는 성모 마리아의 모습에서는 조각적인 엄격함은 모두 흔적도 없이 제거되어 있다. 바로 그 모습에서, 마치 엄격한 형식들에서 해방되어 자유로워진 프시케처럼, 회화 자체가 정화를 위해 자신의 날개로 하늘 높이 날아오르는 듯 보이는 것은 아닐까? 여기에서는 확고한 자연력으로 외부를 향해 존재하는 어떠한 것도 없다. 감응성과 고요한 관용을 성모 마리아와 관계되는 모든 것이 말하고 있다. 그것은 덧없기 마련인 육체의 표현에까지 미치고 있다. 이러한 육체의 성격은 이탈리아어로 모르비데차morbidezza〔부드러운 채색법〕라고 불리지만, 이 육체는 라파엘로가 숭배자인 교황과 한 사람의 성녀 앞에 강림한 천상의 여왕 마리아에게 채색해 입힌 육체[39]와는 전혀 다른 것이다. 귀도가 그린 여성의 머리 부분의 모범이 고대 니오베라는 소견은 확실히 근거 있는 것이지만, 이 유사성의 근거는 결코 단순히 자의적인 모방에 있지 않다. 아마도 그것은 동일한 지향이 동일한 수단을 택한 결과였을 것이다. 피렌체의 니오베가 조각에서의 하나의 극한이고 조각에서의 영혼의 표현이라고 한다면, 우리에게 잘 알려져 있는 저 그림은 회화에서의 하나의 극한이며, 회화는 여기에서는 과감히 음영의 요구마저 벗어버리고 거의 순수한 빛을 띠고서 작용해 있는 것이다.

회화에서는 그 특성으로 보아 확실히 영혼에 우월성을 부여하는 것이 인정될 수 있었다고 해도, 이론이나 교육에서는 예술이 항상 새로이 산출될 수 있는 저 근원적인 중심을 겨냥하도록 영향을 끼치는 것이 지극히 합당한 일일 것이다.

왜냐하면 그러지 않으면 마지막에 든 단계에서 회화는 필연적으로 정체되거나 아니면 편협한 수법으로 변질될 것임에 틀림없기 때문이다. 그 이유는 훨씬 고차적인 저 수고 또한 완성된 강력한 존재자의 이념과 투쟁하는 것이며, 그러한 모습이나 여운을 나타내는 것이 예술의 사명이기 때문이다. 올바른 감각은 존재자가 개별적인 측면에서도 품위 있는 것으로, 그리고 가능한 한 자율적으로 형성되어 있는 것으로 인지되는 데에 언제나 기뻐할 것이다. 실로 신성이란, 순수한 영혼을 부여받은 피조물이 자기 본성의 고귀함을 강력하게 바깥을 향해, 그리고 감성적으로 작용하는 자신의 현실존재를 통해 주장하기를 기쁨을 가지고 내려다보는 것일 터이다.

우리는 예술작품이 어떻게 자연의 깊이[40]로부터 규정성과 제한을 받아 성장하기 시작하고, 내적 무한성을 전개하여 충실함을 얻으며, 마침내는 우미로까지 자기를 정화하여 궁극적으로 영혼에 도달했는지를 살펴보았다. 그러나 이와는 별개로, 성숙의 단계에까지 도달하는 예술의 창조활동에서 일관되게 작용하는 것은 과연 무엇인가가 생각되지 않으면 안 되었다. 어떠한 이론이나 지시도 이 정신적 생산력을 창출할 수 없다. 정신적 생산력은 자연의 순전한 선물이다. 자연은 완전히 자신을 현실화하고 그 창조력을 피조물 속에 둠에 따라, 여기에서 두 번째의 자기를 완결하는 셈이다. 그러나 예술의 위대한 발걸음 속에서는, 최고 단계에 이르러 그 모든 것들이 하나가 되기까지 예술의 저 단계들이 잇달아 나타났던 것과 마찬가지로, 개개의 발걸음에서도 참된 형성은 이것이 배아나 뿌리부터 합법칙적인 개화에까지 성장해간 경우에만 생겨날 수 있다.

예술이 다른 온갖 생명체처럼 그 시원에서 출발해야 하고, 자신을 생생하게 젊어지게 하기 위해 끊임없이 이 시원으로 돌아가야 한다는 요구는 엄격한 훈계처럼 생각될지 모른다. 왜냐하면 오늘날의 시대는 가장 세련된 미조차 현존하는 예술작품들에서 언제든지 골라내게끔 되어 있고 단 한 걸음으로 궁극적인 목적에 도달할 수 있다는 식으로 다방면에서 이야기되는 시대이기 때문이다. 우리는 이미 탁월한 것, 완성된 것을 가지고 있는 것이 아닌가? 그렇다면 도대체 왜 우리는 시원적인 것, 게다가 아직 세련되지 않은 것으로 되돌아가야만 하는 것인가? 만약 근대예술의 위대한 창시자들 또한 이와 같이 생각했다면, 우리는 어쩌면 그들의 경탄할 만한 작품조차 결코 볼 수 없었을 것이다. 그들 앞에도 환조형태의 조각 작품이나 얕은 부조 작품 같은 고대 그리스-로마인의 작품이 있었으니, 특히 고대의 부조작품들은 그대로 회화로 옮겨질 수 있을지도 모르는 것이었다.[41] 그러나 이처럼 스스로 획득된 것이 아닌, 그러므로 또한 납득될 수 없는 미를 습득하는 일이, 철저하게 근원적인 것을 추구하고 또 다시금 자유로이 근원적인 힘에 의해 미를 산출하는 그러한 예술충동을 만족시키지 못했다. 그렇기 때문에 그들은, 저 고상한 고대인보다 단순하고 무기교하며 무취미하다고 생각되어도, 예술을 우미의 시대가 도래하기까지의 장구한 기간, 눈에 띄지 않는 꽃봉오리로 피워낼 것을 마다하지 않았던 것이다. 우리는 조토에서 라파엘로의 스승[42]에 이르기까지의 보다 이른 세대 거장들의 이러한 작품을 지금도 여전히 일종의 경건함을 품고서, 아니 그뿐 아니라 어떤 특별한 애정을 품고서 바라보거니와, 이는 그들의 노력의 성실함이나 내밀한 자기억제에서 나오는 위대한 엄격성이 우리의 존경과 경탄을 얻고 있기 때문이라는 이유 외에, 어디에서 유래하는 것일까? 그들이 고대인과 관계를 맺었듯이, 그들과 관계를 맺고 있는 것은 오늘의 세대이다. 그들의 시대와 우리의 시대를 서로 연결하는 듯한 살아 있는 전통이라는 것은 없으며 또 유기적으로 계속 성장해온 문화의 끈이라는 것도 없다. 우리는 그들과 어깨를 나란히 하기 위해 그들과 같은 길 위에서, 하지만 고유의 힘을 통해서 예술을 다시금 창조하지 않으면 안 된다. 16세기 말과 17세기 초 예술의 저 늦여름[43]에조차 확실히 고목에서 약간의 꽃을 피우게 할 수는 있었지만 결실 있는 싹을 틔우지는 못했으며, 더군다나 예술의 새로운 나무는 한 그루도 심지 못하지 않았는가? 그러나 완성된 예술작품을 무시해버리거나 또는 몇몇 사람들이 추구했듯이 예술작품의 더욱 단순하고 소박한 시원을 찾아내 이를 모방한다고 하더라도, 이는 아마도 한층 더 큰 또 다른 오해에 다름 아닐 것이다. 그들 자신이 근원적인 것으로 거슬러 올라간 것은 아니었을 터이며, 그 단순함 또한 겉치레 수식이자 사람을 속이는 가식에 지나지 않을 것이기 때문이다.

그런데 신선한 종에서 발원하는, 그리고 그 뿌리에서 성장하는 예술을 위해서, 오늘의 시대는 어떠한 전망을 보여주고 있는가? 어쨌든 이러한 예술은 대부분 시대의 감각에 좌우되는 것이기 때문이다. 그렇다고 한다면 한편에서는 예술이 고작해야 다른 쓸데없는 사치품 같은 정도의 평가밖에 받지 못하고, 다른 한편에서는 예술가나 예술애호가가 자연을 충분히 파악하지 못한 채 이상을 찬양하거나 추구하고 있는 식의 이러한 오늘날에, 저 엄격한 시원으로 돌아가라는 요구에 과연 어느 누가 찬동하리라고 기대할 수 있겠는가?

예술은 우리가 감흥이라고 일컫는 가장 내적인 심정이나 정신의 힘들의 생생한 운동에서만 생겨난다. 답답한 또는 대수롭지 않은 시원에서 위대한 힘과 높이로까지 성장한 것은 모두 감흥을 통해 위대한 것이 되었다. 왕국이나 국가들, 예술이나 학문도 그렇게 성장해온 것이다. 그러나 그것을 해내는 것은 개개의 힘이 아니다. 전체 속에서 확장되는 정신만이 이 일을 하는 것이다. 왜냐하면 예술은 특히, 섬세한 식물들이 대기나 날씨에 좌우되듯이, 공공의 여론에 의존하기 때문이다. 예술은 숭고나 미에 대해 보편적으로 널리 미치는 열광Enthusiasmus을 필요로 한다. 마치 온화한 봄의 미풍처럼 메디치 가문 시대에 걸출한 인물들을 한꺼번에 불러낸 저 열기는 또한, 페리클레스[44]가 아테네를 영광스럽게 칭하면서[45] 우리에게 그려 보여주는 그런 제도를 필요로 한다. 그런 제도를 인민의 지배보다도 더 확고하고 영속적으로 우리에게 가져다주는 것이 인자한 아버지 같은 군주의 관대한 통치이다. 거기에서는 모든 힘이 자유로이 활동하고 모든 재능이 기쁨을 가지고 모습을 나타낸다. 왜냐하면 어떠한 재능도 거기에 걸맞은 평가를 받기 때문이다. 또한 거기에서 비활동성은 치욕이다. 통속성은 칭찬을 가져오는 것이 아니라, 오히려 높은 지향을 지닌 비범한 목적을 향해 추구된다. 예술을 높이는 바와 동일한 힘들에 의해 공공의 생활이 움직일 때에만, 예술은 이러한 생활에서 이익을 얻을 수 있다. 왜냐하면 예술은 그 본성의 고귀함을 버리지 않고서는, 외적인 것으로 향할 수 없기 때문이다. 예술과 학문은 둘 다 자기 자신의 축 주위로만 운동할 수 있는 것이다. 예술가와 정신적인 일에 힘쓰는 모든 사람은 신과 자연이 그들의 마음에 써둔 법칙에만 따르는 것이며, 그것 말고는 어떠한 법칙에도 따르지 않는다. 어느 누구도 그들을 도울 수 없고 오로지 그들 스스로가 자기 자신을 돕지 않으면 안 된다. 따라서 그들은 또한 외적으로도 보상받는 것이 없다. 그들이 자기 자신을 위해 산출하는 것이 아닌 것은 곧장 무가치한 것이 될 터이기 때문이다. 또 바로 이 점 때문에 아무도 그들에게 명령을 하거나 나아가야 할 길을 지정할 수 없다. 만일 그들이 시대와 싸워야만 한다면 그들로선 유감스러운 일이 되겠지만, 그러나 만일 시대에 굴복하고 만다면 그것은 경멸받을 만한 일이다. 어떻게 하면 그들은 이것을 순조롭게 이룰 수 있는 것일까? 이미 널리 퍼져 있는 위대한 보편적 열광이 없다면 당파들만 존재할 뿐이며, 여론이라는 것은 어디에도 없다. 하나의 민족 전체로서의 확고한 취미라든가 뛰어난 식견이 아니라 개인들 각자가 자기 뜻대로 판정자로서의 의사표현을 내놓는 것이야말로 예술의 가치를 결정한다. 따라서 그 고귀함에서 자족적인 데 안주하는 예술은 그저 찬동을 얻으려고 애쓸 뿐이며, 그리하여 본래 지배자여야 할 예술은 굴종적인 것이 되고 만다.

각각의 시대에는 각기 상이한 감흥이 주어진다. 일부는 이미 외부에, 일부는 단지 내적으로, 그리고 심정 속에 존재한다. 즉 오늘날 자기를 형성하고 있는 이 새로운 시대는 이제까지의 생각에서 보이는 온갖 척도를 사용하면서도, 더 이상 측정할 수 없는 것이다. 아니 오히려 모든 것이 공공연히 더 위대한 척도를 요구하고 전면적인 개혁을 공표하고 있으므로, 어찌 우리가 이러한 시대에 하나의 감흥을 기대할 수 없다 하겠는가? 자연과 역사가 다시 더욱더 생생하게 자신을 개시하고 있음을 감지하는 저 감각이 이번에는 예술에 그 위대한 대상을 반영해주지 않겠는가? 사그라진 재에서 불씨를 긁어내어 다시 한번 거기에서 보편적 불을 피워내려 하는 것은 공허한 노력이다. 그러나 또한 이념 자체 속에서 일어나는 변화만으로도, 예술을 그 소모적인 상태에서 벗어나 높일 수 있다. 예술은 젊어짐으로써 과거의 영광과 다를 바 없는 빛을 보여주지만, 예술에 영감을 불어넣어 이러한 작용으로 가져올 수 있는 것은 오로지 새로운 앎과 신앙뿐이다. 분명 온갖 규정들에서 볼 때 이전 세기의 예술과 동일할 것 같은 예술이 두 번 다시 나타나는 일은 없을 것이다. 왜냐하면 자연은 결코 반복되지 않기 때문이다. 확실히 누가 뭐래도 라파엘로 같은 그런 인물은 두 번 다시 태어나지 않지만 라파엘로처럼 독자적인 길을 걸어 예술에서의 지고한 것에 도달한 사람은 있다. 다만 앞서 말한 근본조건이 결여되어서는 안 된다. 그러한 조건이 충족될 때 다시 소생하는 예술은 과거의 예술이 그 최초의 작품들에서 그러했듯이 자신을 규정하고 있는 목적을 나타낼 것이다. 즉 예술이 지금까지와는 달리 신선한 근원력에서 생긴다고 한다면, 명백히 특성적인 것의 조형에서도 이미, 설령 아직 숨겨져 있다고 해도 우미가 현존하는 것이며, 특성적인 것과 우미 양자 속에 이미 영혼은 예정되어 있는 것이다. 그렇게 해서 생겨난 작품들은 그 최초의 미완성 상태에서도 이미 필연적이고 영원한 작품들인 셈이다.

우리가 전적으로 고유한 예술의 새로운 부흥을 이처럼 희망하는 데서 특히 우리 조국을 염두에 두고 있음을 고백하기에 충분한 이유가 있다. 어쨌든 이미 이탈리아에서 예술을 다시금 눈뜨게 했던 바로 그 시대에, 이 독일의 토양에서 우리의 위대한 알브레히트 뒤러Albrecht Dürer[46]라는 활력 넘친 예술의 작물이 열렸기 때문이다. 실로 그것은 독일적이었지만 이탈리아의 한결 온화한 태양이 그 달콤한 과실을 완숙시킨 작품과도 같은 것이었다. 근대 유럽에서의 사고방식의 혁명[47]의 근원인 이 〔우리〕 민족은, 그 정신력을 통해 가장 위대한 발명들을 증명하는 것은 물론, 하늘에 법칙을 부여하고[48] 대지를 모든 민족들 중에서 가장 깊이 탐구했다. 이 민족에게 자연은 올바른 것에 대한 확고한 감각과 제1원인의 인식을 위한 경향을 다른 어떤 민족보다도 더욱 깊게 심어놓았던 것이다. 우리 민족은 고유한 예술을 완성해야만 한다.

만약 예술의 운명이 인간정신의 보편적인 운명에 달려 있다면, 우리에게는 과연 어떤 기대를 품고 미래의 조국을 바라보는 것이 허락되는 것일까? 거기에서는 견실한 민족이 과거의 예술적 소질을 생생한 맹아로서 여전히 유지하는 한편, 고매한 통치자[49]가 인간 지성에는 자유를, 정신에는 날개를, 인도적인 이념에는 실효성을 부여하여, 이러한 유명한 중세 독일 예술의 집결지[50]가 이 통치자와 하나로 결합되어 있다. 예술이나 학문은, 한편으로 만약 이것들이 곳곳에서 배척당한다면, 자연히 의지하기 마련인 왕권의 비호 아래에서야말로 피난처를 구하려 할 것이다. 그 왕좌에는 온화한 지혜가 군림하고 인자함이 여왕으로서 왕좌를 빛내며, 왕가 대대의 예술애호가 그 영광을 찬미한다. 또한 이러한 날에 감사의 마음으로 충만한 조국의 커다란 환호 소리와 함께 맞이하게 된 젊은 미래의 군주[51]도 또한, 이 예술에 의해 여러 국민의 찬양의 대상이 되었다. 바로 여기에서 여러 국민은, 장래에 거두게 될 강력한 존재의 씨앗이 곳곳에 뿌려진 것을 알며, 여기에서 이미 확인된 협동의 정신Gemeinsinn이나 시대의 추이 아래에서도 강력해진 하나의 사랑, 즉 널리 하나로 결합된 조국과 국왕을 향한 열광의 끈을 발견할 것이다. 그리고 이 조국과 국왕을 위해 아주 먼 후대에 이르기까지의 안녕과 번영을 간절히 희구하는 데에는 국왕이 학문을 위해 건립한 이 전당에서만큼 우리의 희구와 염원을 증진하는 곳은 결코 없을 것이다.

해제

조형예술의 빛,
자연에서 영혼으로

1. 셸링의 생애와 저작

셸링은 오늘날에도 여전히 베일에 싸여 있는 인물이다. 독일 관념론의 대표자라는 명성과 달리, 그의 철학은 언제나 경과적으로, 때로는 비합리적이거나 신비적인 사상을 대변하는 것으로 이해되곤 한다. 그중에서도 경과적으로 여기는 태도는 그의 사상을 칸트, 피히테를 계승하여 헤겔로 이어지는 철학사적 교량 정도로 보는 데서 비롯한다. 여기에는 이성주의라는 주류 철학이 하나의 잣대가 되고 있다. 그리고 이 주류 철학에서 보자면 셸링은 곧잘 근대 정신에 역행하는 '비합리론자'의 모습으로 비친다.

그러나 무엇보다 주목할 것은 그가 독일 관념론의 형성사에서 끊임없이 비판적인 사상을 제기했다는 점이다. 셸링은 이성에 바탕을 두고 철학을 옹호하는 한편, 이성을 논증하는 또 다른 근거를 사유 대상으로 삼음으로써 이성 자체를 비판하고자 했다. 이성의 또 다른 근거로 그가 제일 먼저 천착한 것이 바로 '자연'이다. 그는 칸트를 거쳐 피히테에 의해 세계의 궁극 원리로까지 고양된 근대적 의미의 자유로운 '자아'를, 객관적 자연에서 모색해감으로써 이 둘을 궁극적으로 통일하려 했다. 약관 스무 살 남짓한 나이에 출간한 청년기의 저작들은 이러한 일련의 시도라고 할 수 있다.《철학 형식의 가능성*Über die Möglichkeit einer Form der Philosophie überhaupt*》(1794),《철학의 원리로서의 자아*Vom Ich als Prinzip der Philosophie*》(1795)에 이어, 1797년 출간된《자연철학의 이념*Ideen zu einer Philosophie der Natur*》은 일찌감치 학계의 높은 관심을 불러모았다. 원숙한 시기에 이른 괴테가 그의 자연철학 기획에 호의적인 반응을 보였는가 하면, 피히테는 그가 자신의 지식론을 새롭게 해석하고 있음을 감지했다. 일련의 반향과 괴테의 후원에 힘입어 셸링은 스물넷에 예나 대학교의 교수로 임명받는다.

이미 유년기에 나타난 셸링의 천재성은 주위 사람들을 매료시키기에 충분했다. 프로테스탄트계 수도원 목사이자 구약성서 학자였던 셸링의 아버지는 열 살 때까지 그에게 라틴어와 그리스어를 배우게 했다. 목사의 딸이었던 그의 어머니 역시 아들의 언어 지식이 비상함을 깨닫고 있었으며 개인 지도를 통해서 아들을 교육시켰다. 열 살이 되던 1785년에 주州 시험에 합격하고, 열다섯 살에는 튀빙겐 신학부인 슈티프

트에 들어갔다. 거기서 그는 그보다 다섯 살 위인 헤겔과 횔덜린을 만났으며 이들과 친분을 맺고 학문적으로 교류하기 시작했다. 아우구스티누스파 수도원이었던 이곳은 셸링에 따르면 '도덕적 압제정치'가 지배하고 있었다. 그 배후에는 영주와 슈투트가르트 주교회의 강력한 권위가 있었다. 봉건적 기구였던 교회와 국가의 권위는 신학도 대부분의 비판적인 관점과는 어울리지 않았다.

1795년 슈투트가르트에서 졸업시험을 치른 후 셸링은 대학을 떠났다. 이때 그가 즐겨 읽은 철학자는 플라톤, 스피노자, 라이프니츠, 칸트, 피히테 그리고 야코비였다. 가정교사직을 얻은 셸링은 라이프치히에 머물면서 자연철학 연구에 몰두했다. 예나 대학교에 취임하기 전 몇 주 동안 드레스덴에 머무르는데, 여기서 그는 일단의 낭만주의자 모임에 가담했으며 아우구스트 빌헬름 슐레겔의 아내 카롤리네를 알게 되었다. 그녀는 슐레겔과 이혼한 뒤 1803년 셸링과 결혼했다.

셸링이 청년기에 저술한 주저로는 무엇보다《선험론적 관념론의 체계*System des transzendentalen Idealismus*》(1800)를 꼽아야 할 것이다. 이 저작은 선험론적 철학의 기획 아래 모든 앎을 하나의 체계로 서술한 것으로, 칸트가 남겨둔 자연과 자유의 문제를 동일한 지평 위에서 논하고 있다. 그에 따르면 철학은 곧 앎을 설명하는 것인데, 이때의 앎이란 객관이 주관과 일치하는 것이다.

1803년 셸링은 독일 남부의 뷔르츠부르크 대학 정교수직 초빙을 받아들여 그곳으로 이주했다. 그해 내내 그는 예술철학 연구에 몰두했다. 예술이야말로 절대적 동일성을 가시화해주기 때문에, 선험론적 철학은 예술철학을 통해 제자리를 얻을 수 있다는 생각이 이즈음 점차 구체화되고 있었다. 1802년부터 1803년까지는 예나 대학교에서, 그리고 1804년부터 1805년까지는 뷔르츠부르크 대학교에서 행한 두 차례의 '예술철학' 강의는 셸링의 사후 그의 아들 카를 프리드리히 아우구스트 셸링Karl Friedrich August Schelling에 의해 1859년에 같은 이름으로 편집, 출간되었다.

이후 셸링은《인간 자유의 본질에 관한 철학적 탐구*Philosophische Untersuchungen über das Wesen der menschlichen Freiheit*》(1809),《우주의 나이*Die Weltalter*》(1810~1816)의 거듭된 개고改稿 그리고 에어랑엔 대학교에서의《근대철학사*Zur Geschichte der neueren Philosophie*》(1822) 강의 등을 통해, 철학의 기본 시각을 새롭게 전환해나갔다. 1823년 미술 아카데미 사무총장직을 맡았으며, 1826년에는 새로 창립된 뮌헨 대학교로 초빙된다. 이때부터 셸링은 다신주의적 신화들과 기독교적 일원론을 철학적으로 조명하는 데 집중했는데, 1821년부터 1841년까지 지속된 그의 강의안 원고들은 각각《신화철학*Philosophie der Mythologie*》과《계시 철학*Philosophie der Of-*

fenbarung》이라는 이름으로 출간되었다.

1846년을 끝으로 셸링은 베를린 대학교의 강의를 그만두었고, 이때부터 1852년까지 프로이센 학술원의 강연에만 응했다. 그는 1854년 스위스 바트 라가츠에서 요양하던 중 일흔아홉을 일기로 생을 마감했다.

2. 셸링 철학의 시기 구분

셸링의 사상은 비교적 뚜렷한 획을 그으며 변모해나갔다. 스스로 앞 시기의 철학을 철회하는가 하면, 철학의 주제와 방법론 자체를 새롭게 설정하는 모습도 보여주었다. 일반적인 견지에서 우리는 셸링의 철학적 전개를 일곱 국면 또는 시기로 구분해볼 수 있다.[52]

(1) 초기 저작 시기(1794~1796): 이 시기 저작들은 플라톤, 스피노자, 야코비, 칸트와 피히테를 겨냥하면서, 특히 칸트의 선험론적 철학을 존재론적으로 모색하는 경향을 띠고 있다. 피히테와는 대조적으로 셸링의 철학적 논변은 매우 우아하고도 독특한 스타일을 보여준다. 그러나 빛나는 문체가 내용의 어려움을 숨길 수는 없었다. 이 시기에서 주목해야 할 것은, 절대적 자아로부터는 결코 어떤 식으로도 유한한 현실이 도출될 수 없다는 그의 생각이다. 초기 철학의 기획이 지

닌 난관은 그로 하여금 존재론적으로 정초한 절대자의 원리에서 주관성이론에 의거한 절대자 쪽으로 이행하게 했다.

(2) 자연철학과 선험론적 철학 시기(1796~1799): 이 시기 저술들은 주관-객관의 원리 또는 자기의식의 원리에서 새롭게 출발했다. 철학의 정초 문제와 관련하여 셸링은 이 시기에 피히테의 《지식론*Wissenschaftslehre*》에 접근했다. 또한 그는 자기의식의 주관-객관 원리에서 현실성을 차례로 도출해내는 데 성공했다. 물론 자기의식의 철학에서는 절대자가 주관적 자기의식의 경계선을 넘어서지 못하고 이것과 합쳐진다는 데에 약점이 있다.

(3) 《선험론적 관념론의 체계》 시기(1800): 이 저작에서 셸링은 자연과 자아가 어떻게 내적으로 조화될 수 있는지를 탐구한다. 이것은 자아가 의식적이면서 무의식적이기도 한 '직관'을 발견함으로써만 이해될 수 있다. 그러나 절대자와의 관계가 다시 모호해지는 데서 성립한 자기의식의 철학은 완성되는 동시에 종말을 맞는다. 왜냐하면 선험론적 관념론의 체계는 필연적으로 초기 저작들에서 정식화한 절대자로 귀환함으로써 극복되어야 하기 때문이다.

(4) 동일성철학 시기(1801~1809): 위의 시기가 피히테의 자아철학의 영향 하에 있었던 반면, 이제 셸링은 피히테의 《지식론》에 이의를 제기하고 자신의 고유한 철학을 전개한다. 그는 자기의식철학에서 벗어나 동일성철학으로 근본적

인 변화를 꾀하는 기초를 마련한다. 그것은 무엇보다도 무제약자인 절대자에서 출발해 자연과 정신의 궁극적인 동일성을 주장하는 방식이다. 셸링은 피히테가 경시한 자연의 지위를 회복시켜 유아론적唯我論的 관점에서 벗어나고자 했다.

물론 이 같은 새로운 모색은 그의 동일성철학에서 처음 시작된 것이 아니라 이미 자연철학 연구와 기획에서 시작되고 있었다. 그러나 동일성철학은 직접적으로는 자기의식 내에 바탕을 둔 선험론적 철학이 봉착한 난관에서 촉발되었다고 할 수 있다. 여하튼 동일성철학이 지닌 객관적 관념론의 성격은 본질적으로 절대자에 대한 형이상학적이고 근본적인 반성을 통해 얻어진 결과이다.

(5) 자유철학과《우주의 나이》시기(1809~1820): 동일성철학의 해결책 역시 셸링에게는 최종적이거나 만족스러운 것은 아니었다. 이 해결 방식에는 모든 것에 선행하는, 따라서 이성보다도 앞서 있는 절대자의 존재가 어쩔 수 없이 또다시 이성 가운데에서, 그리고 이성을 통해 설명되고 있는 까닭이다. 이러한 난관에서 셸링은 자유철학과 우주철학으로 나아간다. 이 시기에 와서는 절대자철학의 맥락에서 인간의 자유와 이성 체계의 문제, 역사와 절대자의 문제가 본격적으로 논의된다. 셸링은 이제 절대자가 내면적으로 근거와 실존으로, 또 자연과 자유로 구별되는 것으로 보고 절대자의 역사를 이성과는 무관하게 서술하고자 한다. 이 때문에 그는 다

시 신화와 형상을 불러들인다. 여기서 신지학神智學과 신화학에 대한 그의 입지가 마련된다. 중기에 이르러 이성철학으로서의 셸링 철학이 위기를 맞은 셈이다.

(6) 에어랑엔 강연 시기(1821~1822): 본질적으로 절대자의 절대성과 관련되어 있는 역사적 절대자라는 난제는 에어랑엔 대학의 강의에서 좀 더 명료하게 다루어진다. 《우주의 나이》에 뒤이은 이 체계는 신의 절대 자유라는 이념을 선취함으로써 후기 철학으로 넘어간다.

(7) 후기 철학 시기(1822년 이후): 후기 철학은 다시 '긍정철학'과 '부정철학'으로 나눌 수 있다. 이러한 구분에는 두 가지 의미가 있다. 첫째, 긍정철학의 이념을 통해 셸링은 청년기에 전개했던 최종 정초의 프로그램, 즉 무제약자인 절대자에서 출발하는 기획을 최종적으로 완수하고자 했다. 둘째, 그는 부정철학의 일부였던 자신의 초기 철학을 보완하고 다듬어냄으로써 이러한 기획을 수행하려던 초기의 시도가 어떤 이유로 좌절했는가라는 물음에 답변하고자 했다. 셸링은 플라톤과 아리스토텔레스 이후 주관형이상학과 이성형이상학의 전통 전체를 가리켜 부정철학이라 말했다. 그는 자신의 자기의식철학은 물론 동일성철학까지도 이 전통에 포함시켰다. 그러나 부정철학이 긍정철학에 이르는 필수적인 '사다리' 구실을 하는 한, 주관철학과 이성철학은 다시 새롭게 복권되어야 한다. 동시에 셸링의 철학적 관심사는 우주론에

서 기독교적 신앙 내용의 본질적 요소를 해석하는 쪽으로 옮겨갔다. 그리고 이것은 다시 기독교의 현실적인 신에 바탕을 둔 이성, 즉 '철학적 종교'로 실현되는 이성이라는 주제에서 끝난다.

3. 《조형예술과 자연의 관계》의 사상적 배경[53]

프랑스의 저명한 셸링 연구자 틸리에트Xavier Tilliette는 셸링의 이 강연이야말로 그의 예술철학의 '정점인 동시에 결말'을 보여준다고 말했다. 이 강연 이후 셸링이 본격적으로 예술을 위한 실천 활동을 시작한 반면, 예술 고유의 사변은 더 이상 진행하지 않았기 때문이다.

이즈음 셸링의 학문적 관심은 또 다른 철학 문제인《우주의 나이》로 옮겨간다. 이 저작은 줄곧 단편으로 남아 있다가 사후 유고가 편집됨으로써 출간되었는데, 여기서 다룬 문제는 그의 후기 사상이 집대성된《신화 철학》과《계시 철학》에서도 이어진다. 물론 여기에서도 예술을 거론하고 있긴 하지만, 예술철학 고유의 논변은 더 이상 계속되지 않는다.

청년기 셸링의 예술철학은 우선《선험론적 관념론의 체계》와《나의 철학 체계의 서술*Über den wahren Begriff der Naturphilosophie und Darstellung meines Systems der Philosophie*》(1801),

《학술 연구 방법에 대한 강의*Vorlesungen über die Methode des akademischen Studiums*》(1803)에 드러나 있다.[54] 이 저작들에서 셸링은 예술에 대한 개념을 설명하는 가운데, 역사적으로 보자면 미학에서 예술형이상학으로의 전환을 이루어냈다. 한편 셸링은 《예술철학》 강의를 통해 예술에 관한 문제를 본격적으로 서술한다. 여기서 그는 자신의 동일성철학의 기초 위에서 '예술 형태에서의 우주'를 구성해냈다.

《선험론적 관념론의 체계》에서 셸링은 주관과 객관의 '근원적 동일성'을 추구한다. 이러한 동일성이란 앎과 그 앎이 관계하는 것(의식된 내용)이 하나임을 뜻한다. 따라서 양자의 무차별성을 획득할 경우, 우리는 앎의 최고 원리를 가지는 것이다. 이러한 동일성을 "의식 자체에서"(III, 349)[55] 밝히는 일이야말로 셸링의 선험론적 철학이 해결해야 할 과제이다. 그러나 그에 따르면, 주관과 객관 어느 한편에 기초해서는 이 양자의 절대적 동일성을 얻을 수 없다. 우선 주관에 중심을 둔 철학은 난관에 빠지게 된다. 왜냐하면 우리는 단순히 주관적인 규정 근거에서 세계를 연역해낼 수 없기 때문이다. 셸링은 바로 이러한 이유로, 피히테가 오류를 범했다고 지적한다. 피히테는 주관과 객관의 절대적 동일성을 궁극적으로 주관주의적인 것 속으로 용해했기 때문이다. 그런데 이와 반대로, 만약 절대자를 주관과는 독립해 있는 객관으로 이해한다면, 이 경우 절대자는 자신이 무조건적으로 자율적이라는 자기 규정을 상실한다. 이런 면에서 절대자는 근원적 주관성으로, 다시 말해 예지적 직관으로 이해해야 하며 또 그런 가운데 자신을 완성해가는 자기 규정으로 이해해야 한다.

여기서 셸링은 이제 예지적 직관이 주관적 함축과는 무관하다는 방식으로 수정했다. 그리고 이것은 예지적 직관을 어느 정도 우주론적이자 존재론적으로 세련되게 함으로써 성취된다. 이리하여 스피노자적 실체의 두 속성, 곧 연장과 사유가 동일성철학을 통해 체계적으로 전환되어 자연철학과 선험론적 철학이라는 철학 영역으로 옮겨지며, 또한 이 양자는 포괄적인 하나의 원리, 즉 절대자에서 도출된다. 이 경우 일반적으로 철학을 하나의 원리로부터 정초하고 그것에 엄밀한 체계 형태를 부여하고자 한 것은 스피노자의 공헌으로 인정된다.

선험론적 철학이—더욱이 피히테적인 형태에서—자연을 오로지 '의무'의 '질료'로만 이해한다는 점을 셸링은 일찍이 선험론적 철학의 결함으로 인정했다. 그는 여기에서 다음의 결론을 이끌어냈다. 인식을 가능하게 해주는 조건들에 관한 이론으로서의 선험론적 철학은 자연철학에 의해 확장되지 않으면 안 되며, 따라서 체계적으로 완성된 철학의 형태가 구성되어야 한다는 것이다. 바로 이러한 프로그램이 《선험론적 관념론의 체계》에서 진행되었지만, 여기에서는 자연철학과 선험론적 철학의 평행론에 머물고 있었다. 《나의 철학 체계의 서술》[56]에 대한 '예비적 논의'는《선험론적 관념론의 체계》가 특징짓고 있는 이와 같은 선험론적 철학의 결함을 명백히 하고 있다. "자연철학 그리고 선험론적 철학이라 일컬은 것을 나는 철학함의 대립된 양극으로 생각했다. 지금의 서술을 통해서 나는 무차별적 지점에 서 있는데, 이 지점은 완전히 대립된 방향에서 빠져나와 미리 그 지점을 구성한 사람만이 확고부동하게 서 있을 수 있는 그런 지점이다"(IV, 108).

이로써 동일성철학의 특성을 두 가지로 말해볼 수 있다. 첫째, 각 부문들에 대한 체계의 완성을 전제하고 있다는 점이다. 즉 동일성철학은 공허하거나 불명료한 무차별성이 아니라 다양한 것을 자신 안에 포함하고 있는 무차별성이다. 둘째, 동일성철학은 반성적 사유가 정립하는 모든 차별이 지양됨으로써 '최고 지점'에 이르게 된다. 그리하여 그러한 단초는 유한한 인식을 남겨 놓도록 한다. 이 인식은 있는 것을 단지 관계의 현상으로서만—인과 관계의 의미에서—이해할 수 있을 따름이며(IV, 345), 따라서 이 경우 다만 (무한진행의) 악무한에 이를 뿐이다. 이 같은 유한한 인식의 아포리아에서 등장하는 절대적 인식은 사물을 "사물이 즉자적으로 존재하는 대로, 즉 그것이 이성 가운데 있는 대로" 파악한다(IV, 115).

이제 동일성 체계의 가장 근본적인 명제는 이성의 통일의 원리이다(IV, 116과 비교). 그러나 이성은 단지 주관적인 개념이 아니라 있음 전체를 포괄하기 때문에, 이성의 동일성 원리는 이성과 있음의 통일성을 함축하는 동시에, 또한 있음 자체의 통일성을 함축한다(IV, 115와 비교). 셸링이 명시적으로 표현한 대로 '동일성의 법칙'은 "이성의 있음에 대해, 그래서…모든 있음에 대해" 타당하다(IV, 116 이후). 그 이유는 "있는 모든 것이 그 자체로 하나이기 때문이다"(IV, 119).

물론 이 명제를 객관적인 것으로 오해해서는 안 된다. 셸링은 살아 있는 동안 근대 주관성철학과의 비판적 연속성을 유지했다. 근대의 선험론적 철학이 제기한 문제를 존재론적인 전통 철학과 매개하는 것이야말로 그의 다양한 철학적 기획의 근본 단초를 이루고 있다.

셸링이 철학의 과제를 선험론적 반성이라는 의미에서 선험론적 주관성의 구성 작용을 드러내는 일로 이해한 것은 헤겔 철학과의 공통점이기도 하다. 그의 견해에 따르자면 철학적 이성은 절대적 동일성을 인식하는 데서만 실현된다. 그러므로 이성은 주관을 관류해서만 가능해진다. '있음의 형식'은 절대적 동일성을 인식하는 데서 비로소 충족된다(IV, 122). 그러므로 중요한 것은 사유의 실재성과 실재적인 것의 이성적 원리를 열어 보이는 일이다. 셸링에 따르면 이는 오로지 절대적 이성 개념의 기초 위에서만 가능하다. 이 경우 절대적 이성은 철학의 도구가 될 뿐 아니라 동시에 철학의 유일한 대상이 되는 셈이다.

셸링이 자신의 연구 과정을 통해 보여주고 있듯이, 이러한 제시는 오로지 예술을 통해서만 가능하다. 철학은 "절대적으로 동일한 것"에서 출발해야 하지만, 이것은 "단적으로 비객관적인 것이며"(III, 624) 이는 천재의 생산 속에서 도달하거니와, 이 천재는 의식적 활동과 비의식적 활동을 객관적 직관으로 통일한다. 예술작품에서 자아는 '최고의 잠재력' 내에서 자신을 직관하는 가운데 자기 자신을 의식된 것이자 비의식적인 것으로 파악하는 것이 가능하다. 그러므로 철학이 '외적으로' 드러낼 수는 없고 오로지 주관적으로 '내적인', '예지적 직관' 속에서만 파악할 수 있는 것이 예술에서는 미적인 것 속에서 객관적인 것이 된다. "미적 직관은 바로 객관적이 된 예지적 직관이다. 예술작품만이, 그 이외에서는 어떠한 것에 의해서도 반사되지 않는 것, 즉 자아에 있어서 이미 분리된 바의 저 절대적으로 동일적인 것을 나에게 반사한다"(III, 625). 그러므로 예술은 자신의 주장의 최고 진리를 증명해주는 철학 본연의 기관이자 기록이다. "예술은 철학의 유일하게 참되고 영원한 기관이자 기록이다. 그것은 철학이 외면적으로 표현할 수 없는 것, 즉 행위나 생산 작용에서의 무의식적인 것 그리고 그것이 의식적인 것과 이루는 근원적 동일성을 항상 끊임없이 새롭게 증명해준다"(III, 627 이하).

《학술 연구 방법에 대한 강의》에서 셸링은 예술이 "절대자에게서 직접 흘러나온 필연적인 현상"(V, 345)이며, 예술철학은 "예술의 형태 가운데 있는 절대적 세계를 표현하는 것"(V, 350)이라고 말한다.《예술철학》 강의에서도 예술이 절대자를 계시한다는 사상을 견지하면서, 예술이 지니는 절대성의 기능을 동일성철학의 맥락에서 좀 더 명료하게 논증한다. 이리하여 셸링의 관심은 더 이상—예컨대《선험론적 관념론의 체계》에서처럼—철학의 최고 원리를 연역하는 데 있지 않고, 오히려 절대자 자체에 있다. 셸링의 예술철학은 바로 동일성철학에 내재되어 있는 철학 이해에서 이미 싹트고 있었다. 예술철학의 특별한 과제는 예술을 철학적으로 구성해내는 것이다(V, 364). 이 경우 어떤 대상을 구성한다는 것은 그 대상의 "자리를 우주 가운데 규정함"(V, 373)을 의미한다. 철학적 구성은 그 구성 내에서 보편자와의 관련 속에 특수자가 해석됨으로써, 동시에 "절대자의 표현"(V, 107)이 됨을 의미한다.

셸링의 테제에 따르면, 예술이 철학적으로 중요한 이유는 예술이라는 것이 "특수한 것으로서의 자기 자신 안에 무한한 것을 현실적으로 나타내 보이거나 적어도 그것을 나타내 보일 수 있다"는 점 때문이다(V, 369). 예술은 가시적인 표현이 가능하기 때문에 철학 자체가 할 수 없는 것을 수행하는 것이다. 따라서 예술은 철학의 한 대상이 아니라 철학과 동등하며 그 이상이 된다. 이 경우 예술의 철학적 고찰은 작품을 경험적으로나 기예적으로 분석하는 데 존립할 수 없다. 왜냐하면 그럴 경우 예술은 자신의 내용 가운데에서 파악되지 않기 때문이다(V, 350 참조).

셸링의 미학은 사변적인 내용 미학이다. 예술을 통해서 '절대자'가 경험되기 때문이다.[57] 예술철학의 과제는 칸트의 취미 판단에서처럼 작품을 판정하는 기준을 마련하는 데 있지 않다. 예술이 지닌 독특한 이성에서 중요한 것은 그 영향의 견지에서도 또한 설명될 수 없다. 오히려 미적 이성은 예술의 내용을 파악할 때 해명된다. 셸링의 이론은 개별 작품 속에 있는 '절대자'는 경험적인 입증을 통해서는 정초되지 않는다는 의미에서 사변적이다.[58] 그런데 오히려 사변적인 출발점은 합리성이라는 면에서, 예술에서 원리적으로 가능한 바를 하나의 본질 인식이라는 의미에서 파악한다.

미적 경험이 절대자에 이른다는 점에 동의한다면, 곧바로 이 경험은 철학의 경험들과 어떤 점에서 구별되는가 하는 물음이 제기된다. 이런 물음에 답하려면, 예술과 철학의 차이를 어떻게 규정할 것인지 좀 더 구체적으로 논의할 필요가 있다.

우선 예술과 철학은 자체 내에서 현실적인 사물들이 경험적으로 인식되거나 표현되는 것이 아니라 그들의 '근원상들 Urbilder' 또는 '이념들Ideen'이 인식되거나 표현된다는 점에서 일치한다. 그렇지만 철학에서 현실적인 사물은 다만 근원상의 불완전한 모사일 뿐임이 증명된다. 그에 반해 예술은 근원상적인 것을 나타내는데, 이는 예술이 이것을 객관적으로 경험하게 해줌으로써, 즉 실재적인 것 자체 내에서 '예지계'가 떠오르게 해줌으로써이다.── 예를 들어 셸링은 음악을 사변적인 의미에서 "자연과 우주 자체의 근원상적 리듬"의 출현으로 해석했다. 그러므로 음악은 경험적인 것, 즉 음향에서 절대자와 관계 맺게끔 한다(V, 369).

그러므로 철학과 마찬가지로 예술에서도 무한자가 표현된다. 그런데 철학은 지적 직관의 도움을 빌려 무한자를 순수하게 그 자체로 파악할 수 있는 반면, 예술은 외면적인 어떤 것 가운데서 절대자에 접근하므로, 예술이야말로 철학의 "가장 완전한…객관적인…투영상"(V, 369)이라고 말할 수 있게 된다. 셸링은 '우주론적 미학'이라는 용어를 거부했다. 예술작품은 단일한 전체로, 자신 속에 완성된 단일한 총체성으로 파악되어야 하기 때문이다. 셸링은 "시문학적 예술 작품은…다른 모든 것과 마찬가지로, 특수자 가운데 있는 절대자, 우주, 천체임"을 언급했다(V, 635).

셸링은 그에 반해 미적인 것의 우주론적 양상을 달리 파악했다. 무엇보다도 예술은 '현상계'의 영역을 넘어선다. "그러나 예술의 방향은 결코 감각적인 것을 향해 있지 않다"(V, 520). 그러므로 감성의 견지로 적절하게 이해할 수 없다.

더 나아가 셸링은 우주(코스모스)와 작품 간의 '제3의 비교'를 그 편성이나 질서의 차원에서 두지 않고, 오히려 미적인 것의 이성을 "무한한 이념성을 실재적인 것 속으로 상상해냄Einbildung"으로 위치를 결정한다. '일체화Ineinsbildung의 힘'은 예술과 신적 창조가 공통적으로 지니는 점이다(V, 386). 그러므로 예술의 창조성은 바로 그에 의해 예술이 절대적인 무엇이 되는 그것이다. 예술을 통해 "신적 창조가 객관적으로 표현"되는 것이다(V, 386).

그럼에도 이러한 사상을 피히테적인 것으로 오해해서는 안 된다. 셸링에 따르면, 자유롭게 생산해내는 '자아'의 자발성이 예술작품을 구성하는 것이 아니다. 천재로의 재수용 또한 이러한 의미로 해석해서는 안 된다. 왜냐하면 미적 합리성을 실재적인 것과 이념적인 것의 무차별성으로 여기는 '근본 정식'은 피히테적 주관이론과 모순되기 때문이다. 즉 실재적인 것과 이념적인 것의 무차별성은 자유와 필연성의 동일성, 의식적 활동과 무의식적 활동의 동일성과 동등한 의미가 있다(결국 셸링에게 예술의 '소재'는 신화이며, 따라서 하나의 초주관적인 의식 형식임을 상기해볼 수 있겠다).

셸링에게서는 신적 우주 자체가 이미 "절대적 예술작품"으로 형태화되어 있다(V, 385). 미적 작품과 우주의 차이를 셸링은 신플라톤주의의 용어로 기술한다. 우주의 절대자는, 실재적인 것과 이념적인 것의 절대적 동일성으로 이해될 수 있는 한에서 '근원상'인데, 이 근원상이 작품 가운데 실재화함을 셸링은 투영상Gegenbild으로 특징짓는다(V, 385). 그는 철학과 예술의 경계를 정하기 위해 '근원상'과 '투영상'이라는 신플라톤적 은유를 동원하고 있는 것이다. 철학은 절대자를 '근원상' 가운데서 표현하는 데 반해, 예술은 '투영상' 속에 표현한다(V, 369).

이러한 점을 셸링은 다음과 같이 좀 더 상세하게 서술하고 있다. 철학은 단순히 실재적인 것과 이념적인 것의 무차별성이 아니라 절대적 동일성 그 자체 또는 신적인 것을 인식하는 것인 한, 절대적인 이성의 학문이다(V, 381). 그러므로 철학은 절대자를 통찰할 능력이 있는 것이며, 그것도 이 절대자가 어떤 '실재적인 것'에 관계하고 또 이것에 투과되는 한에서 그런 것이 아니라, 철학이 절대자를 순수하고도 매개없이 파악할 수 있는 한에서 그러한 것이다. 그에 반해 예술은 오로지 직접적으로 이념적인 것과 실재적인 것의 무차별성을 뜻할 뿐이다. "철학이 신적인 것의 직접적인 표현이라면, 예술은 직접적으로 오로지 무차별성 그 자체에 대한 표현이다(오로지 무차별성이라고 하는 이 사실이 대상적인 것의 성격을 형성해낸다. 절대적 동일성=근원상)"(V, 381).

이러한 사실은 예술은 절대자를 감각적 현상계를 통해서 출현케 한다는 것을 의미한다. 현상의 세계는 부단한 대립들의 세계이므로, 이 세계 자체는 아무런 이성적 존재도 지니고 있지 않으며, 이와 같은 의미에서 오로지 절대자의 투영으로 이해될 뿐이다. 존재자의 현상계와 예술의 차이는 이 양자의 투영적 특성 가운데 있는 게 아니라 이 특성이 과연 실제로 어떻게 경험될 수 있는가에 있다. 한갓 존재하는 것은 오로지 철학적 인식, 즉 '구성'에 자리를 마련하게 되며, 이 자리에서 절대자는 자신을 현시한다. 예술은 절대자의 투영으로서 작품 가운데 특수한 현상계를 인식하게 함으로써 인식의 한 형태가 된다. 여기에는 적어도 다음과 같은 점이 암시되고 있다고 하겠다. 즉 이처럼 작품의 현실성이 무엇인가를 수행할 수 있으려면, 그것은 자신 속에 이미 이념적인 것이 실재적인 것을 넘어서는 제2의 의미층으로서의 자리를 갖지 않는 성격이어야 한다. 실재적인 것은 자신 안에 동시에 이념성을 포함해야 한다. 셸링은 그 실례를 신화에서 찾는데, 이때의 신화는 특수자(개개의 신적 형태들)와 보편자(신들 또는 신적인 것)가 동일한 방식으로 정립되고 있기 때문이다.

이제 예술이 자신의 즉자성 가운데 있는 사물들을 경험할 수 있게 하는 한에서, 즉 사물들이 경험적으로 '그렇게-존재함Sosein'에서가 아니라, 실재적인 것이긴 하지만 이념으로(V, 370) 경험할 수 있는 한에서, 예술은 철학에 다가간다. 예술은 "철학과 가장 직접적인 관계" 속으로 들어선다(V, 381). 그러므로 예술은 최고의 잠재성을 띠고 있는 철학을 '되풀이'하는 것이 된다(V, 363).

《선험론적 관념론의 체계》에서는 철학자에게만 주관적으로 주어져 있는 '지적 직관'을 이제 예술 내에서도 객관적으로 경험할 수 있다는 이유로, 예술이 철학적으로 중요한 것이 되었다고 한다면, 《예술철학》에서는 철학 자체가 포괄적이고도 상위적인 인식상의 심급을 얻고 있다. 물론 여전히 예술은 철학에 대해 최고 위치를 차지하고 있긴 하지만, 분명히 미적 이성은 포괄적인 단일 이성 개념의 계기를 향해 그 단계를 낮추고 있는 것이다.

4. 《조형예술과 자연의 관계》에 대하여

《조형예술과 자연의 관계》는 1807년 10월 12일, 셸링이 서른두 살 때 행한 학술원 강연이자 또 그해에 출간된 논저 가운데 하나이다. 셸링은 강연을 계기로 이듬해 5월에는 새로 개원한 뮌헨의 조형예술 아카데미 사무총장직을 얻게 된다.

학술원 강연에서는 앞서 《예술철학》 강의에서 전개한 사상들을 조각과 회화의 생산성이라는 중심 관점 아래 다시 수용한다. 한편 그는 이 강연을 당대의 예술, 미학 논의에 개입하는 계기로 삼는다. 이런 측면에서 강연은 특히 예술모방론을 주장하는 여러 입장들과의 대결이기도 하다.

논의의 초반부터 셸링은 모방론을 분석하면서 이 이론의 존재론적 기반을 추적한다. 시문학은 이미 자기의식의 정점에서 완전히 전개된 데 반해, 조형예술은 여전히 열악한 상태였다. 즉 조형예술은 경직된 고전주의에 매여 있는가 하면 다른 한편에서는 낭만주의적 파열로써 새로운 활로를 열고자 했음에도 불구하고, 조형예술의 다양한 이론들이 제기한 공통의 요구는 오로지 예술가는 자연을 모방해야 한다는 것뿐이었다. 문제는 모방의 대상으로서의 '자연'이라는 개념이, 조형예술의 '고유성'에 천착하지 못했던 당시의 사정과 마찬가지로, 여전히 불명료하다는 점이다. 이와 같은 이중의 결함을 지적하면서 셸링은 강연을 시작한다.

우선 강연은 자연의 본질에 주목함으로써, 조각과 회화의 고유성은 일반적인 의미의 '모방'이 아니라 본질적으로 '창조'에 있음을 하나씩 증명해 보인다. 셸링은 특히 강연 말미에서, 예술가가 예술을 갱신하기 위해서는 그의 내면에서부터 감흥을 얻는 예술가이어야 함을 역설한다. 고갈되지 않는 예술의 원천은 비단 반성에 대해서만이 아니라 생산에 대해서도 다시금 열려야 한다는 것이다.

조형예술은 말 없는 시문학이라는 경구에서 그는 자신의 주제를 개진한다. 시와 마찬가지로 조형예술 역시 영혼에 기초한 '정신적 사상 개념들'을 표현해야 하는데, 시처럼 언어를 통해서가 아니라 "침묵하는 자연처럼" 감각적인 형태를 통해 표현한다는 것이다. 이런 요구에서 보자면 조형예술은 영혼과 자연을 잇는 '활동하는 끈'의 의미를 지닌다. 그러나 만약 자연이 형태를 낳는 것과 같은 산출의 힘이 조형예술에 없다면, 어떻게 조형예술의 사상·개념이 형태 안으로 이행할 수 있겠는가? 바로 이 살아 있는 창조적인 힘이야말로 조형예술이 자연과 맺는 독특한 관계를 규정해주며, 또한 이 관계에서 자연은 예술의 모범이자 원천이고 또 자신의 전체 '구조'의 연관을 "한층 높은 필연성의 조명 속에서 드러낸다."

이런 원리에 따라 셸링은 여러 모방 이론들을 물리칠 수밖에 없었는데, 무엇보다도 이 이론들은 자연을 단순히 객체로만 대할 뿐 창조적 힘 자체의 본보기로 삼고 있지 않기 때문이다. 그는 무엇보다도 빙켈만의 관념적 자연 모방 개념에 반대한다. 빙켈만은 자연에 창조적인 생명력을 불어넣지 않을 뿐 아니라 자연의 자리에 이상적인 미를 대체시키고 있기 때문이다. "모방의 대상은 변했지만, 모방은 존속한 것이다. 자연 대신에 고대의 고귀한 작품들이 등장했다. 그러나 그것을 모방한 자들은 형식들을 실현하고 있는 정신을 망각하고 단지 외면적 형식을 떠맡는 데 열중한 셈이다."

모방론의 뚜렷한 입지점을 분석하고 거부한 데 이어, 셸링은 두 번째 사유 과정에서 (히르트Aloys Hirt로 대표되는) "특성적인 것das Charakteristische"의 이론과 대결하는데, 그는 이 이론을 "불충분하고", "그릇된" 것으로 간주한다. 오히려 셸링은 특성적인 것과 미의 관계를 "골격과 생명 있는 형태 간의 관계"와 비교한 괴테적인 의미에서, 특성적인 것이 결코 "형태나 미"에 대립되는 것이 아니라 오히려 이 둘을 규정하는 계기로 함께 작용한다고 본다. 물론 발전사적 관점에서 그는 "최고의 미는 특성 없는 것"이라고 설명한다. 그러나 행위나 활동을 드러내면서도 격정에 사로잡힌 힘들이 균형을 깨고 세상에 나올 때 특성적인 것은 형식의 균형보다 한층 강렬하게 드러나는 것이다.

이런 관점에서 셸링은 형식의 미가 훼손되지 않도록 분출하는 격정을 "최대한 억제하기를" 요구하는 고전주의적 이론에 반대한다. 그는 이런 지침을 뒤집는데, 왜냐하면 미야말로 격정에 맞서 조절을 행하는 어떤 적극적인 힘으로써 규정될 수 있기 때문이다. 그리하여 이제 미가 격정을 조절하는 곳에 이르러, 바로 최고의 미로서의 "영혼 자체의 미"가 본연의 의미를 얻게 된다.

셸링에 따르면, 비단 시문학이나 그 최고 형태인 극시劇詩만이 아니라 조각의 최고 조형물에서도 이러한 미가 전개될 수 있다. 인간 안에서 작용하는 영혼을 셸링은 여기에서 '학문'으로 이해한다. 다른 한편 이것은 "선함"이자 동시에 "미 자체이다". 이와 같이 영혼을 진리와 인식, 인륜성과 행위가 미와 통일을 이루고 있는 것으로 규정함으로써, 역사의 차원 또한 조형예술 속으로 편입된다. 이런 면에서 조각에서 표현된 최고의 미는 더 이상 자연과 유사한 것이라고만 생각할 수는 없다. 오히려 그것은 감성적 우미와 도덕적 선이 서로 전적으로 융합되는 곳에서만 배태된다. 이런 융합 가운데서 영혼은 지극히 완전한 표현을 얻는 것이다.

이처럼 영혼이 완전하게 표현된 조각작품이 〈니오베〉인데, 셸링은 이 작품을 인상 깊은 어조로 기술한다. 자연정신을 "밝게 비추며" 또 "도덕적 선과 감성적 현상을 연결하는 수단이 되는" 우미에 이르러 저 최고미의 '중심'이 주어지며, 조형예술은 모든 방면에서 바로 그 중심 쪽으로 작용해나갈 수 있다. 셸링은 이제 이러한 미의 작용에 관해 다음과 같이 언급한다. 즉 미는 "우리가 그것을 발견하는 경우, 어떤 기적의 힘으로 우리를 감동케 하고 매료시킨다.…그때 보이는 것 속에서 돌연 뜻하지 않게, 하지만 명료하게 자연의 본질과 혼의 본질의 근원적 일치가 상기되는 것이다. 그것은 사랑이 모든 본질의 끈이고, 순수한 선이 창조 전체의 근원이자 내용이라는 확신이다". 바로 이런 이유에서 조형예술의 목표는 오로지 "그 속에 깃든 영혼을 가시화하는 일"일 뿐이다.

조형예술에 나타난 영혼의 표현은 셸링이 조각과 회화를 구분 짓는 기준이자, 조형예술 개개의 고유성을 가늠하는 기준이 된다. "혼과 물질 간의 균형"을 통해 조각은 탁월함을 얻는 데 비해, 빛과 색채들을 작용하게 해 대상들을 "이미지 속에" 표현하는 회화의 경우는 물질에 아무런 비중도 줄 수 없다. 이런 점에서 조형예술의 체계 내에서 회화는 조각에 뒤진다고 볼 수 있다. 그러나 체계 내에서는 회화의 결함이 나타나는 반면, 회화가 지닌 강점은 영혼에 "명확한 우월성을 인정"할 수 있다는 점에 있다. 말하자면 영혼과 "지고한 존재자 간의 친연성에 기초한" 한층 높은 격정들이 회화의 본성에 완전히 들어맞는다는 사실이다. 회화는 이러한 고유성에 따라 "힘과 활동의 성격을 완화시켜 헌신과 인내의 성격으로 변화시켜"야 한다. 그런 가운데 회화는 근대의 세계상에 상응하며 또 이런 세계상에서 영혼은 "더 높은 계시들을 담는 수동적 기관器官"으로 간주된다. 셸링이 "신화학의 구성"에 관한 강의에서 상세하게 다루고 있는 이런 세계상으로, 근대에는 회화가, 고대에는 조각이 우위를 차지하게 된 이유가 설명된다. 셸링은 여기서 괴테나 프리드리히 슐레겔이 그러했듯 동시대의 좀 더 진전된 경향, 곧 회화가 조각의 고유성 내로 들어감으로써 빚어진 이 양자의 혼재 현상을 비판하는데, 이러한 비판은 단순히 미학적인 논거일 뿐만 아니라 고대 신화와 새로운 신화에 대한 자신의 철학적 이해에 따른 것이다.

영혼의 표현이라는 관점에서 셸링은 이제 회화를 발전사에서의 일련의 단계들로 전개함으로써 자신의 사유 과정을 완성한다. 첫 번째 단계는 미켈란젤로인데, 그의 극도의 강건한 형태화 방식에는 "영혼의 우미나 감정에 대한 감각보다 오히려 엄숙함이나 심원한 자연력이 지배"되어 있다. 그 뒤를 레오나르도 다빈치와 코레조가 잇는데, 특히 코레조의 "작품들에서는 감성적 영혼이 미의 작용 근거가 된다". 그다음 라파엘로에 와서야 비로소 예술은 자신의 목표인 "신적인 것과 인간적인 것의 완전한 균형"에 이른다. 그리하여 비록 뒤이은 시대에는 회화가 더 이상 더 높은 미술 단계에 이를 수는 없었지만, 혼에 다시금 우월성을 부여함으로써 새로운 예술 단계를 취하게 되는데, 셸링은 이것이 귀도 레니의 그림 〈마리아의 승천〉에서 실현되었다고 본다.

이 강연은 셸링이 '고전적'이라 일컫는 예술관을 옹호하고 있음을 분명히 보여준다. 물론 이러한 관점에는 헤르더나 빙켈만, 레싱 등의 영향이 작용했고 또 괴테, 실러, 슐레겔 형제 그리고 특히 횔덜린이 이론적으로나 시문학적으로 사상을 전개했던 시대 전반의 정신적 기류와 무관하지 않다. 하지만 설령 이 중 몇 가지를 수용했다 하더라도, 셸링은 많은 것을 자신의 시각으로 조정했고, 나아가 모든 것을 자신의 철학으로 변화시켰다. 셸링의 '고전적' 예술관이 고유성과 자립성을 얻은 것은 바로 미를 형이상학적으로 설명하고 또 예술을 근원적인 창조로서 형이상학적으로 정초한 데 따른 것이다. 바로 이 점에서 그의 이중적인 기본 시각이 설명된다. 즉 그는 한편으로는 빙켈만과 멩스 이래 조형예술에서 고전적이라 간주했고 또 역사적으로 고전주의로 특징지어진 것에 정확히 대결하면서 논의를 전개하고 있다. 다른 한편으로 그는 중세 초기 그림들을 모범으로 삼았던 낭만주의적 회화의 특정 노력들도 빼놓지 않고 논의한다.

이처럼 "고전적"인 것을 대하는 독특한 시각에서 그가 얼마나 낭만주의 운동에 의무감을 느꼈는가 하는 점이 드러난다. 특히 이와 관련하여, 셸링은 새로운 것을 향한 추구를 "근원적인 것"과 연결시키는데, 이는 바로 이 근원적인 것에서 "미가 자유롭고도 매우 강력하게" 산출되기 때문이다. 동시대 예술가들을 향해 제기한 이러한 요구의 정당함은 전성기 르네상스에 꽃을 피운 이탈리아 회화가 증명해준다. 이 시기 으뜸가는 미술가들은 "고대인의 창조물들"을 전범으로 삼지 않고 오히려 자신의 작품을 자유롭게 자기 자신으로부터 높은 경지의 예술로까지 창조해냈던 것이다. 여기에는 물론 "공공의 분위기"가 실린 미와 숭고에 대한 '열광주의'가 뒤따를 수밖에 없었는데, 셸링은 자신의 시대도 이런 흐름을 타고 있다고 본다. 다시 한번 새로운 신화에 대한 요구가 다음과 같은 물음으로 되돌아오고 있다는 것이다. "자연과 역사가 다시 더욱더 생생하게 자신을 개시하고 있음을 감지하는 저 감각이 이번에는 예술에 그 위대한 대상을 반영해주지 않겠는가?"

나폴레옹 시대의 변혁 속에서 셸링이 간파한 것은 "이제 스스로를 새롭게 형성해가는 세계"로, 이것은 "때로는 외면적이지만 또 때로는 내면적으로 심정 속에 깃들여" 있으며 나아가 "전적인 갱신"을 예고해주는 듯한 세계이다. 셸링은 덧붙여 이런 진술의 정치적 계기를 강조하는데, 이는 의식이나 감격의 갱신에서 "무엇보다도 조국을 염두에" 두고 있으며 또 학문과 예술 영역(특히 뒤러)에 나타난 독일의 여러 성과를 떠올리고 있기 때문이다. 초기 낭만주의 운동의 정치적 이념이 여기에서 다시 한번, 그리고 셸링에 의해 마지막으로 예술과 연결되고 있는 셈이다.

5. 셸링 철학의 지성사적 영향과 텍스트의 현재적 의미

셸링은 헤겔과 달리, 아무런 철학적 학파도 형성하지 않았다. 가장 커다란 학문적 영향을 보여준 것은 확실히 그의 자연철학으로 물리학, 의학, 지질학, 지구과학, 전기장 이론 등에 실질적인 영향을 끼쳤다. 한편 셸링의 《예술철학》 강의는 아스트Friedrich Ast, 졸거Karl Wilhelm Ferdinand Solger, 도이팅거Martin von Deutinger 같은 예술이론가들에게 영향을 주었으며, 영국의 시인 콜리지Samuel Taylor Coleridge나 워즈워스William Wordsworth의 시론에는 셸링의 흔적이 뚜렷하게 나타나 있다.

거의 모든 강의에 걸쳐 셸링은 국제적인 청중을 얻고 있었다. 그가 러시아의 지성인이나 작가들에게 끼친 영향은 확실히 주목할 만하다. 데콩브Vincent Descombes의 지적에 따르자면, 메를로 퐁티Maurice Merleau-Ponty의 ('형태Gestalt'라는 의미에서의) 《행동의 구조》에 나타나는 물리적 · 생명적 · 인간적 형태에 대한 위계 질서는 셸링의 자연철학적 전통 위에 서 있다.

쇼펜하우어Arthur Schopenhauer는 관념론 전반을 극렬하게 비방했음에도 불구하고, 그의 생애에 이미 반대 논변들에 직면한다. 1820년 베를린 대학 강사가 되었지만 헤겔의 압도적인 명성에 밀려 이듬해 사직했으며, 그의 근본 사상이나 체계의 구성은 피히테나 셸링에 힘입은 것이었다.

키르케고르Søren Kierkegaard는 셸링의 베를린 강의에서 무엇보다 자신을 매료시킨 것은 그의 철학이 '현실성'과 '실존'을 지향하는 점이었다고 밝힌 반면, 종교철학적-신비적인 사변은 자신의 관심을 얼어붙게 했다고 한다. 그럼에도 셸링의 영향은 키르케고르의 '실존철학적' 이해의 많은 부분에 걸쳐 나타나 있다. 야스퍼스Karl Theodor Jaspers는 오랫동안 셸링에 몰두했으며 여러 면에서 셸링에게 자극을 받았다. 하이데거Martin Heidegger는 셸링의 저작《인간 자유의 본질》을 존재-신학적으로 쓰여진 형이상학의 정점이자 독일관념론의 주요 저작으로 평가했으며, 이 저작을 자신의 강의 주제로 채택하기도 했다.

루카치György Lukács는 헤겔주의적 관점에서 셸링의 동일성철학을 신비적 주관주의로 이해함으로써, 비합리주의의 반동적 시초라는 낙인을 찍는다. 이와 반대로 하버마스Jürgen Habermas가 "마르크스주의의 셸링"이라고 일컬은 블로흐Ernst Bloch는 셸링을 적극적으로 받아들였다. 셸링에 관한 논문으로 박사 학위를 취득한 하버마스 역시 사적 유물론의 재구성이라는 자신의 연구틀 내에서 셸링의 철학을, 말하자면 변증법적 유물론으로 이행하는 단계에 있는 관념론으로 그 가치를 인정했다. 그러나 누구보다도 셸링의 자연철학과 예술철학의 핵심 사상을 계승하면서 근대적 합리성을 비판하는 전망을 연 사람은 아도르노Theodor W. Adorno라고 할 수 있다. 아래에서는 셸링과 아도르노의 예술철학의 공유점과 차이점을 좀 더 구체적으로 살펴보기로 하자.

이 강연을 셸링의 예술철학의 '정점'으로 간주할 수 있다면, 그 이유는 무엇보다 공공의 사회의식 변화를 위해 비상한 참여를 도모하고 있기 때문이다. 강연은 결론에서뿐만 아니라 철두철미하게 비판적 의도와 계몽적인 경향을 취함으로써 시종일관 실천적인 태도를 견지한다.

셸링은 모방론, 즉 동시대에 지배적으로 통용되고 있던 예술론을 비판하면서 그 이론이 담고 있는 통념상의 의식 또한 비판한다. 이와 동시에 그의 비판은 내재적으로는 자연에 대한 이해를 향한 것으로, 자연에 대한 파괴적인 귀결은 오늘날 호르크하이머Max Horkheimer와 아도르노가 중대한 문제로 인식하고 있는 점이기도 하다. 셸링은 또 다른 한편으로 '예술작품의 본질'을 자연의 본질과 관련된 것으로 투명하게 드러냄으로써, 이중적인 관점에서 당대의 자연관을 비판하고 있다.

이런 측면에서 보면 셸링과 아도르노의 예술철학에는 공통점들이 있다. 셸링과 마찬가지로 아도르노도 예술작품의 본질을 해명하고 그것의 진리를 증명하는 것을 중시했다. 물론 아도르노에게 이 진리는 '사회적 진리'이다. '형이상학의 전복'에 입각한 아도르노의 예술철학은 더 이상 셸링처럼 이미 주어져 있는 동일성을 지지하지 않는다. 그의 예술철학에 기초를 마련해주는 중심은 바로 사회를 통해 또 사회에서 주체가 한 개인으로서 겪는 주체의 미적 경험이다. 이와 같은 두 사람의 차이에도 불구하고 둘 사이의 공통적인 면 또한 발견된다.

낭만주의에서 그처럼 심원하게 체득된 바 있지만 결국 근대적 사유의 귀결이 되고 만 자연과 역사의 분열에 대해서 셸링은 동일성철학의 방식으로 분열을 극복하고자 한다. 이러한 분열의 의식은 아도르노의 철학이 아주 날카롭게 부각하는 점이기도 하다. 아도르노는 분열을 자아와 자연 사이의 '균열'로 파악하는데, 이것은 결국 주체 자신을 관통하여 가르는 것이 된다. 그래서 그는 사회적으로 거부당한 '화해'의 가능성을 예술을 통해서 열고자 시도한다.

이에 비해 셸링은 자신의 동일성철학 내에 이 화해가 언제나 이미 주어져 있다고 전제한다. 비록 이런 전제가 셸링의 강연에서도 여전히 관철되고는 있지만, 여기에서는 무엇보다도 예술의 갱신을 위한 셸링의 실천적 태도 덕분에 모순된 현실에 대한 경험까지도 문제로 대두되고 있다. 현 시대에는 없는 것, 즉 위대한 예술의 성공적인 작품들을 셸링은 고전적인 견해 속에서 불러온다. 그는 역사철학적인 견지에서 이 창조물을 생성의 도정 위에 놓인 정거장으로 불러내는데, 물론 이 도정이란 연속적으로 진행되는 것이 아니라 바로 자연과 역사의 통일이 깨어지는 곳에서 돌연히 나타난다. 그럼에도 셸링은 예술이 근대에 이미 한번 완성되었다는 데 바탕을 두고, 재성취를 향한 여망을 '이념'과 새로운 '앎' 그리고 새 '믿음'을 통한 보편의식의 변화와 결부시킨다.

뮌헨 강연으로 셸링의 예술철학은 끝났다. 셸링이 희구했던 바가 나타나지 않았다는 이유로 그의 철학이 실패했다고 말하는 것은 분명 적절하지 않다. 오늘날 아도르노는 의식의 변화라는 것을 참된 예술작품의 진리와 연결시키고 있는 반면, 셸링은 보편의식을 변화시킴으로써 참된 예술작품들을 열망했다. 아름다운 예술은 단지 요행에나 적합할 뿐이라는 그의 언명은 더 이상 아름답지 않은 예술이야말로 불행과 '희망 없음'의 구제를 지지해준다는 아도르노의 예단과 한 점으로 수렴된다.

주

1 (옮긴이주) 이 강연이 있던 날은 매년 국왕의 성명聖名, 즉 세례명을 기념하는 축제 주간 가운데 하루였다. 가톨릭의 전통 아래 생겨난 이 성명축일에는 성자와 함께, 이름이 같은 성도들을 기념하는 행사가 거행된다.

2 (원편자주原編者註) 이 강연은 1807년 10월 12일 국왕의 성명축일을 맞아 뮌헨 학술원에서 행해졌다. 이하의 원주原註들은 1809년에 란트슈트에서 출판된 철학논집 제1권에 이 강연이 재수록되던 때에 부가되었다. (다만 이 원편자주는 셸링의 아들인 편자 카를 프리드리히 아우구스트 셸링에 의한 것임.)

3 (편집자주) 이 같은 표현은 플루타르크Plutarch에 따르면(《도덕론 *Moralia*》, 346F), 시인 시모니데스Simonides von Keos에게서 나온 것이다. 또한 레싱Gotthold E. Lessing이 《라오콘: 회화와 시의 경계에 관하여*Laokoon: oder über die Grenzen der Malerei und Poesie*》 서문에서 한 다음 표현을 참조하라. "회화는 말 없는 시이며 시는 말하는 회화라는 볼테르의 훌륭한 그리스적 반反명제는 확실히 어떤 교본에도 쓰여 있지 않았다. 이것은 시모니데스의 숱한 착상 가운데 하나였다. 그의 실제 저작 일부가 분명히 드러나자 사람들은 그가 전개한 모호하고 그릇된 점들을 일거에 묵과해야 한다고 생각한다"(Lessing, *Werke*

제6권, München, 1974).

4 (원주) 이는 하만Johann G. Hamann〔아래 옮긴이주 * 참조〕의 《세 개 한 벌로 된 헬레니즘 문서 II*Kleeblatt hellenistischer Briefe II*》〔아래 옮긴이주 ** 참조〕의 189쪽에서의 인용이지만, 이 강연의 맥락상 표현이 약간 완화되어 있다. 왜냐하면 하만 자신의 표현에서는 그 발언이 다음과 같기 때문이다. "허위로 가득 찬 그대들의 철학은 자연의 숨통을 끊어버렸다. 그러면서 왜 그대들은, 우리한테는 자연을 모방하라고 요구하는 것인가? 그대들이 자연의 제자들에 대해서도 살인자가 되는 즐거움을 되풀이하기 위한 것인가?"— 저자〔셸링〕가 이 강건한 정신의 저작들을 최초로 정확하게 알게 된 계기를 만들어준 야코비F. H. Jacobi가, 오랫동안 기다려왔던 하만의 저작 출판을 스스로 맡아주든지 아니면 얼른 출판되도록 의뢰해주었으면 좋으련만!

* (옮긴이주) 요한 게오르크 하만(1730~1788)은 동프로이센 쾨니히스베르크(현재는 러시아의 칼리닌그라드) 출생으로 '북방의 위인'이라 불렸으며, 논쟁적인 저작들을 통해 계몽주의 철학에 반대했다. 그의 '예언자적' 진술들은 동시대인들에게 대부분 이해되지 못했던 반면, 신진 세대들, 특히 헤르더와 질풍노도 시기의 인물들에게 심대한 영향을 끼쳤다. 이들이 하만에 큰 관심을 기울이게 된 것은 하만의 저작들을 수집하여 이를 편집하고자 했던 괴테 덕분이었다. 얼마 후 헤겔이 그러했듯, 괴테는 하만과 그의 저작을 하나의 역사적 현상으로 파악했다. 가령 그는 《시와 진리》 12편에서 하만을 "스스로 시대를 이끌어내고 완성해낸 예언자"로 적고 있다.

** (옮긴이주) 하만에 대한 인용은 셸링이 말하듯 《세 개 한 벌로 된 헬레니즘 문서 II》 2권이 아니라 그의 《미학의 진수*Aesthetica in nuce*》에서 가져온 것이다. 이 두 저작은 맨 처음 《어문학자의 십자군*Kreuzzüge des Philologen*》(Königsberg, 1762)에 실려 출간되었으며

이후 출간된 하만의 저작집에 실려 있다〔Hamann, Sämtliche Werke, Hrsg. von Josef Nadler, 2권, Wien, 1950, 195~216쪽. 인용은 206쪽 참조〕.

5 (옮긴이주) 요한 빙켈만Johann Joachim Winckelmann(1717~1768)은 그리스 예술의 발견자이자 고전주의를 대표하는 미술사가이다. 독일 북부의 슈텐달 출생으로, 매우 가난하여 고학으로 할레 대학과 예나 대학 등에 다녔으며, 가정교사나 귀족의 도서실 사서로 일하면서 고대 그리스 문화를 연구했다. 드레스덴으로 옮긴 후에《회화 및 조각에서의 그리스 미술품의 모방에 대한 고찰》(1755)을 출간하여 고전주의 사상의 선구자로 인정받게 되었다. 같은 해 로마로 가서는 그곳에 수집되어 있던 고대 유품과 유적에 대한 조사 연구와 저술 활동에 전념하면서, 바티칸 도서관 서기, 고미술 보존 감독관으로 일하기도 했다. 1764년에 주요 저서《고대예술사》를 출간했으며 1768년에 독일을 여행하던 중 트리에스테에서 강도의 칼에 쓰러졌다. 빙켈만의 미학적 통찰은 독일 고전주의와 낭만주의 예술 이해에 큰 영향을 주었다.

6 (원주) 빙켈만은 그의 시대에 비단 문체의 객관성만이 아니라 고찰 방식 전체의 객관성을 획득한 점에서 유일무이한 인물이다. 사물들에 대해 성찰을 꾀하는 종류의 정신도 있지만, 그와 달리 사물들 그 자체에 입각해서 그 순전한 필연성에 따라 인식하려고 하는 또 다른 종류의 정신도 있다. 빙켈만의 예술사는 후자에 대한 최초의 실례를 제공했다〔아래 편집자주 * 참조〕. 이러한 정신은 이후 뒤늦게 다른 학문들의 영역에도 나타나게 된다. 비록 이와는 다른 방식에 익숙해져 있는 사람들에 의한 큰 저항이 있긴 했지만 말이다. 전자의 종류의 정신은 좀 더 유유자적한 것이다.──〔따라서〕 후자의 정신에 설 때에만 거장들은 빙켈만의 시대를 알아보았던 셈이다. 물론 이 경우

에서도 방금 전에 말한 하만은 제외해두지 않으면 안 된다. 하만은 그의 시대에서는 이해되지 못하고 어떠한 영향력도 얻지 못했다. 그렇다고 한다면 어떻게 그가 이 시대에 속한다고 간주될 수 있는가? 그 시대에 빙켈만과 나란히 유일하게 거명되어야 할 인물 레싱이 위대한 까닭은, 그가 이 시대의 철저한 주관성 속에서 사유했고 더욱이 사물들에 대한 사고에서는 최고의 탁월성을 보이긴 했지만, 설령 그 자신이 의식하지는 못했더라도 이와는 다른 성향으로 경도되었던 점에 있다. 즉 스피노자주의를 잘 알고 있었을 뿐만 아니라(아래 편집자주 ** 참조) 특히 인류의 교육(아래 편집자주 *** 참조)이라는 견지에서 제기된 많은 문제들에 심혈을 기울인 바가 있었기 때문이다. 그러나 저자는, 레싱이 예술의 최고 목적에 관해 빙켈만과 전적으로 동일하게 느끼고 생각하고 있었다는 항간의 견해를, 하나의 선입견이라고 간주할 수밖에 없었다.—〔이와 관련해〕 레싱의 다음과 같은 단편들에 귀 기울여볼 필요가 있다. "아름다운 예술 본연의 사명이란 다른 어떤 기술의 도움 없이도 산출할 수 있는 바로 그 점에 있을 뿐이다. 이것은 회화의 경우에서는 신체의 미이다.— 한 종류 이상의 신체의 미를 합일해내고자 사람들은 역사화歷史畵에 심취했던 것이다.— 역사적 사실을 표현하고 제시하는 것이 화가의 궁극적인 의도는 아니었다. 역사적 사실은 그의 궁극적인 의도, 즉 다양한 미를 획득하는 데서 하나의 단순한 수단에 불과했다.— 근대의 화가들은 명백히 수단과 목적을 혼동하고 있는 것이다. 그들은 역사를 그리기 위해 역사를 그리고 있는 것으로, 이를 통해 자신들의 예술을 다른 학예들의 단순한 보조수단에 지나지 않는 것으로 삼고 있거나 또는 적어도 자신들에게는 여러 학예들의 도움이 없어서는 안 될 것으로 여기고 있는 까닭에, 그 결과 예술이 그 본원적인 예술의 가치를 완전히 상실해버린다는 점을 생각하지 않는다.—

신체의 미의 표현이 회화의 사명이다.—— 그러므로 최고의 신체미가 미의 최고 규정이다."(프리드리히 슐레겔 편, 《레싱의 사상과 견해》 제1부, 292쪽에 의함)〔아래 편집자주 **** 참조〕.—— 예리한 분석을 행한 레싱이 어떻게 순수하게 신체적인 미의 개념에 대해 사유하고 이것을 주장할 수 있는 데에 이르렀는가가 잘 이해될 수 있다. 이는 저 목적, 즉 다양한 신체의 미의 표현을 제외하고 생각한다면, 도대체 역사화에는 역사적 사실을 제시하는 것 이외의 그 무엇도 남지 않는다는 것을 여하튼 그가 확신하게 된 점에 있다. 그러나 만약 특별히 예술사 내에 포함되어 있는 빙켈만의 학설이(그의 《미간행 기록*Monumenti inediti*》은 이탈리아인을 향해 쓰여 있고, 본래의 학설과 동등한 전거로서의 가치는 없다) 앞서 말한 레싱의 주장과 일치한다고 한다면, 그리하여 행위와 격정의 표현이라는, 즉 회화의 최고 부문이 단지 신체적인 미의 변화를 거기에 나타내기 위해서만 고안되었다는 설이 특히 빙켈만의 주장으로 증명된다고 한다면, 그 저자는 빙켈만에 대해 실은 아무것도 이해하지 못했음을 자백한 셈이다. 그런데 흥미를 끄는 것은 앞서 말한 의미에서 예술에 관한 생각을 서술한 가장 재기 넘치는 작품《라오콘》과 빙켈만의 저작을, 두 사람의 외면적이자 내면적인 작풍에 비추어 비교하는 일이다. 그래서 동일한 하나의 대상에 대한 양자의 정신적인 취급방식의 전체로서의 차이가 모든 사람들에게 밝혀져야 한다〔아래 편집자주 ***** 참조〕.

* (편집자주) 여기에서 셸링이 염두에 두고 있는 것은 빙켈만의 《고대예술사》이다. 빙켈만은 이 책 서문(IX쪽 이하)에서, 자신은 역사를 "시간적 추이나 그 변화들을 단순히 설명하는 것"으로 이해하지 않으며 오히려 '예술의 본질'이야말로 자신의 '학문체계'의 '가장 중요한 최종 목적'임을 강조한다. 그는 이 점에서 "예술의 역사라는 이름" 아래 간행된 자기 시대 저작물 중에는 "예술의 본질과 내면성"

으로 이끌어주는 저자가 거의 없다고 비판한다〔J. J. Winckelmann, *Kleine Schriften, Hrsg. von Walter Rehm*(Berlin, 1968), 235쪽 이하 참조〕. 헤르더는 이 책에 대해, '본연의 역사'라기보다는 '미의 형이상학'이라고 말한다〔J. G. Herder, *Werke*, Hrsg. von Bernhard Suphan, Bd. 3(Berlin: Nachdruck Hildesheim, 1878, 1967 참조〕.

** (편집자주) 레싱과 스피노자 학설의 관계는 야코비의 저작인《멘델스존에게 보낸 서한에 나타난 스피노자의 학설에 대하여*Über die Lehre des Spinoza in Briefen an Herrn Moses Mendelssohn*》(Breslau, 1785; Nachdruck der Werke, Darmstadt, 1968)를 통해 잘 알려지게 되었다. 야코비에 따르면 레싱은 '스피노자주의자'였다. 야코비는 레싱이 죽기 한 해 전인 1780년에 볼펜뷔텔〔독일 니더작센주의 한 도시〕로 그를 방문하여 나눈 담화를 통해서— 그는 이것을 담론의 형태로 내놓았다— 레싱의 스피노자주의를 서술하고 있다. 야코비의 이런 파악은 그로 하여금 그 같은 서술을 하게끔 간접적인 동기를 제공했던 멘델스존과 의견이 갈리는 계기가 되었으며, 또한 멘델스존의 출판물(1786)에 의해 공박을 받게 되었다. 야코비는 다시금 자신의 견해를《레싱과 스피노자에 대한 서한들과 관련해 멘델스존이 제기한 공박을 반박하며*Wider Mendelssohns Beschuldigungen, betreffend die Briefe über Lessing und Spinoza*》(Berlin, 1786)라는 저작으로 재옹호했다(F. H. Jacobi, Werke, Bd. 4, Abt. 2 참조).

*** (편집자주) 레싱의《인류의 교육*Die Erziehung des Menschengeschlechts*》은 1780년에 간행되었다. 프리드리히 슐레겔은 이 책을 가리켜 '불멸의 저작'이라 일컫는다. 스피노자를 "가장 순수한 종교로 찬양"하게 한 "진정한 종교의 주창자이자 포교자"로서의 레싱의 면모가 나타나 있다는 것이다. 레싱이 과연 '정통 유신론자'였는가 아니면 '스피노자주의자'였는가라는 논란은 슐레겔의 해석에서

는 중요하지 않다. 오히려 레싱은 자신의 철학의 첫 단계인 범신론에서 출발했다가 "몇 세기가 아니라 몇천 년 이후에도 기독교가 지속될 것임을 예언하는" 방식으로 "새로운 복음"을 전하는 쪽으로 나아갔다고 한다. Friedrich Schlegel, 《레싱의 사상과 견해들*Lessings Gedanken und Meinungen aus den Schriften gesammelt*》, T. 1~3(Leipzig, 1804). Wiederabdruck in *Kritische Friedrich-Schlegel-Ausgabe*, Bd. 3, Hrsg. von Ernst Behler, 85~94쪽 참조.

**** (편집자주) 출처에 관한 특별한 안내가 없는 셸링의 이 인용 부분은 슐레겔이 펴낸 레싱 판본의 1부(292쪽 이하) 〈골동 연구 Antiquarische Versuche〉에 들어 있다. 레싱에게서는 "그들은 역사를 그리기 위해서 역사를 그린다"로 되어 있지만, 셸링은 "그들은 역사들을 그리기 위해서 역사들을 그린다"로 적고 있다. 이 구절은 《라오콘: 또는 회화와 시의 경계들에 관하여*Laokoon: oder über die Grenzen der Malerei und Poosie*》(1766)의 집필을 위해 레싱이 마련해 둔 유고자료들에서 나온 것이다. 레싱은 이 저작의 제1부만 출판했다. 이 인용 구절과 관련해서는 《레싱 전집*Lessing: Werke*》〔Hrsg. von H. E. Göfert, Bd. 6: Kunsttheoretische und kunsthistorische Schriften(München, 1974)〕, 635쪽 이하 참조.

***** (편집자주) 제목이 이미 지시하듯, 레싱이 《라오콘: 또는 회화와 시의 경계들에 관하여》에서 다루는 문제는 회화와 시의 경계를 규정하는 일이다. 이런 의도에서 그는 자기 시대의 시와 회화를 규정하는 예술이론적 토포스인 "시는 회화와 같이ut pictura poesis"에 반대하는 관점을 보인다. 레싱은 또한 이 같은 관점을 자기 친구인 멘델스존과 공유한다. 이에 반해 빙켈만은 〔보편원리로서의〕 예술의 본질 일반을 규정하고자 했다. 이 경우 그는 대상에 대한 구체적이고 감각적인 직관을 그 증거로 내세웠다. 그러나 레싱은 "고귀한 단

순성과 고요한 위대함"이라는 빙켈만의 중심 사상을 평가하면서, 이 사상은 이미 그의 초기작인《그리스 예술모방론》에 정식화되어 있던 것이고 또 라오콘상에 대한 해석에서 얻어낸 것이라고 본다. 더 나아가 레싱은 막 출간한《고대예술사》를 거론하면서, 무엇보다도 빙켈만이 조상彫像들의 연대를 잘못 규정해놓고 있다고 비판한다. 그의 주된 반박은 빙켈만의 다음 견해, 즉 "고귀한 단순함과 고요한 위대함"이라 함은 라오콘상의 "자세와 표현"에 나타난 고통의 형상화를 뒷받침하는 규정 근거라는 점을 겨냥한 것이다. 즉 〔라오콘상의 특수 경우에서 얻어진〕 이런 근거에서 빙켈만은 〔이른바〕 미의 보편 규칙을 도출하고 있다는 것이다. 이에 반해 레싱은—철두철미하게 고통의 표현으로서의 절규까지 형상화해내는 시와는 달리—조형예술에서는 '미'가 규정적 법칙이라고 주장한다. 그는 다음과 같이 말한다. "대가〔즉 라오콘상의 조각가〕는 신체의 고통을 받아들이는 상태에서 최고의 미를 향해 작업했다. 극도로 일그러진 모습의 고통은 저 최고의 미와는 결합될 수 없었다. 그는 절규를 탄식으로 완화하지 않으면 안 되었다. 그런데 이런 완화가 요구된 이유는 절규가 비천한 영혼을 나타내기 때문이 아니라 오히려 그것이 얼굴을 불쾌한 방식으로 바꿔놓기 때문이다"(Werke, 6권, 23쪽). 라오콘을 둘러싼 논쟁은 빙켈만과 레싱에서만 한정되지 않았다. 이 두 사람의 해석에 히르트가 반대했는데, 이는 다시 괴테의 반박을 받았다(Goethe, *Schriften zur Kunst II*, 22~35쪽).

7 (원주) 예를 들면《다스도르프의 서한집*Die Daßdorfische Briefsammlung*》 제2부 235쪽을 보라〔아래 편집자주 * 참조〕.

* (편집자주)《친구들에게 보낸 빙켈만의 편지들*Winckelmanns Briefe an seine Freunde*》, 다스도르프Karl Wilhelm Daßdorf 편집, 2부(Dresden, 1780)(제1권은 1777년에 출간). 셸링이 떠올리고 있는 빙켈만의 언

급은 1763년 12월 28일 바이세Weiße에게 보낸 편지에서 나온 것이다. 여기에는 다음과 같이 쓰여 있다. "인류가 일궈낸 이 땅에서 전쟁의 비명을 멀리한 채 나의 생애에 안식을 누리게끔 할 생각으로, 나는 사람들이 바라는 곳에 그때 이후로 누추한 천막을 하나 세웠다네. 이제 나의 마지막 연구들은 예술에서 자연으로 향할 걸세."

8 (편집자주) 멩스는 1762년 익명으로 간행했다가 그 뒤 퓌에슬리J. C. Füeßli가 편집, 출간한《회화에서 미와 좋은 취미에 대한 탐구*Gedanken über die Schönheit und den guten Geschmack in der Malerei*》(Zürich, 1765)에서 예술은 자연의 미를 능가해야 한다고 강조했는데, 그 이유로는 이 속에서는 결코 완전한 예술을 만날 수 없기 때문이라는 것이다. 따라서 완전한 미를 표현하자면 예술가는 "온갖 피조된 존재들" 가운데서 모방을 위해 가장 훌륭한 점을 골라내야 한다는 것이다. 빙켈만 역시 이상적인 아름다움에 대해 상세히 언급하면서 자연, 그리고 심지어 가장 아름다운 물체들이라 하더라도 이들은 좀처럼 결함 없이는 존재하지 못한다고 말한다. 그런 까닭에 현명한 예술가들이라면, "오늘날 대부분의 예술가들이 그러하듯 개개의 몇몇 아름다운 것들에만 아름다움의 개념"을 제한하지 않을 것이며, 오히려 그들은 "숱한 아름다운 물체들에서 아름다움을 통일해내고자" 노력할 것이라고 그는 주장한다(《고대예술사》, 154쪽). 셸링이 인용하는 피오릴로는 멩스와 빙켈만에 대해 평하기를, 이들이야말로 "특히 독일의 자칭 예술평론가들 사이에 이상理想 유행이라 부를 만한 전염병을 만연케 한" "잘못을 범했"다고 말한다(이 책의 주 41 참조). J. D. Fiorillo,《조형예술사*Geschichte der zeichnenden Künste*》, 1권(Göttingen, 1798), 235쪽 각주 참조—— 셸링은 이 책의 1, 2권을 갖고 있었다〔1804년 7월 31일 자 코타의 서적 구입 계산서,《셸링과 코타. 서신교환 1803~1849*Schelling und Cotta. Briefwechsel*

1803-1849》, H. Fuhrmans u. L. Lohrer 편집(Stuttgart, 1965), 26~27쪽 참조〕. 한편 괴테는 자신의 《빙켈만과 그의 세기*Winckelmann und sein Jahrhundert*》에서 다음과 같이 말한다. "…자신을 부단히 향상해 가는 자연의 최종적 산물은 아름다운 인간인바,…그리하여 완전함 가운데에 오래 머무르며 또 이미 산출된 아름다움에 영속성을 마련해주는 것은 자연의 전능함으로도 불가능한 일이다. 왜냐하면 엄밀히 말하면, 오직 순간 속에서만 아름다운 인간은 아름다운 것이라 말할 수 있기 때문이다"(*Schriften zur Kunst I*, 238쪽).

9 (옮긴이주) 괴테를 가리킨다. 괴테의 평론 《빙켈만과 그의 세기 *Winckelmann und sein Jahrhundert*》(1805) 참조.

10 (편집자주) 특성적인 것이란 당시 예술 이론에서 통용되었지만 논쟁의 여지가 있는 개념이었다. 고대 연구가 히르트는, 그리스인들에게는 "고귀한 단순성과 고요한 위대함"(빙켈만)도 또 "미"(레싱)도 아니며, 오히려 "특성적인 것"이 조형예술의 첫째가는 법칙이었다고 주장한다. 특성적인 것이란 그에 따르면 "작품의 완전성"으로, 곧 형식·표현·움직임 등으로 자신을 내보이는 "특정한 개별성"을 뜻한다. 즉 그것에 진리가 기반해 있는 까닭에 이는 "예술미의 본질" 일반으로 생각해야 한다는 것이다〔A. H. Hirt, *Laokoon, In: Horen*, Hrsg. von Friedrich Schiller, 11(1797), 10, Stück, 1~12. Nachdruck Darmstadt, 1959〕. 괴테는 히르트의 이해방식에 반대하는데, 이는 괴테가 예술의 어떤 등급화를 표방하는 한에서이다. "특성적인 것은 어떠한 근거를 갖고 있으며 이 근거에 단순함과 존엄이 기인한다. 예술의 최고 목적은 미이며, 또한 이의 최종 결과는 우미의 감정이다"(Der Sammler und die Seinigen, Fünfter Brief. Goethe: *Schriften zur Kunst I*, 364쪽 이하 참조). 프리드리히 슐레겔은 1795~1796년에 쓰고 1797년에 간행한 《그리스 시문학 연구》에서 이 특성적인 것

의 지배권을 신랄하게 비판한다. *Kritische Friedrich-Schlegel-Ausgabe*, Bd. 1, 217~367쪽 참조. 즉 "특성적인 것, 개별적인 것, 그리고 흥미로운 것의 전적인 우위"(228)가 근대 예술, 특히 시문학에서 "미학적 무정부 상태"를 낳았다는 것이다. 슐레겔은 그리스 예술에서 최고의 미로 실현된 바 있는 "저 근원상의 합법칙성"(274)을 동화해냄으로써 새로운 '객관성'을 산출하는 '미적 혁명'을 요구한다. 괴테의 저작들에서 슐레겔은 "객관성은 가능하며 또 아름다움에 대한 희망은 결코 어떤 공허한 이성의 광증도 아니라고 하는 반박할 수 없는 확증"을 인지한다. 객관적인 것은 여기서 실로 아름다운 것으로 이르렀다…"(262)── 셸링은 예술에 대한 괴테의 유기적 이해와 마찬가지로 슐레겔의 비판과 요구와 비슷한 견해를 취한다.

11 (편집자주) 빙켈만에 따르면 숭고미가 기반하는 가장 깊은 근거는 신이다. 그렇기 때문에 인간적 아름다움이라는 개념은 이것이 '최고의 본질'에 적합하고 일치를 이루는 것으로 여겨질수록 더 완전해지는 것이다. "그러한 상像의 형태들은 단순하고도 끊김이 없으니, 통일성 속에서 다양함을 띠거니와, 이를 통해 형태들은 조화를 이룬다.…통일성과 단순성을 통해서 모든 아름다움은 숭고해진다." 그런데 이런 언급에 뒤이어, 셸링이 부분적으로 따온 다음과 같은 구절이 나온다. "이런 개념에 따라 보자면, 아름다움이란 마치 깊은 샘에서 길어 올린 가장 청정한 물과 흡사한 것으로, 이것은 전혀 이물질이 없는 순수한 상태이기 때문에, 맛이 없을수록 더 유익한 것으로 여겨진다"(《고대예술사》, 149쪽 이하).

12 (편집자주) 헤시오도스의 《신통기》에서 따르면, 아테나 여신은 제우스의 머리에서 태어났으며, 강력하면서도 고상함을 지닌 전쟁의 처녀신으로 여겨졌다.

13 (편집자주) 셸링은 여기서 괴테의 특성적인 것으로부터 우미에로 이

르는 예술의 단계를 빙켈만이 말한 그리스 예술의 양식상의 시기 구분과 연관 짓고 있다. 빙켈만은 그리스 예술 양식을 네 시기로 구분하는데, 이 중 앞의 세 가지가 셸링의 언급에 등장한다. 빙켈만에게서 이런 시기 구분의 기준은 그때그때 인간 형상의 아름다움을 표현해내는 방식에 달려 있다. 반면 셸링은 이 점을 괴테에 의거하여 특성적인 것과 관련 짓는다. 이때 셸링이 행한 것은 자연과 역사를 융합하는 관점이다. 빙켈만에 따르면 제1시기에는 '단순하고gerade 조야한hart' 양식(셸링은 이를 '투박하고herb 엄격한streng'으로 적고 있다)이 지배하는데, 이 양식의 과도한 표현이 미를 "반감시켰다". 제2시기는 빙켈만이 '숭고한' 양식이라고도 일컫는 '위대하고groß 각진eckig' 양식의 특징을 띤다. 이 시기 작품들에서 미는 '숭고하게' 작용하며, 형태가 갖춰지는 것은 '통일성'과 '단순성'으로 규정된다(《고대예술사》, 224쪽). 빙켈만이 생각하는 이 시기의 가장 완성된 작품은 니오베의 조각이다. 제3시기는 '우아함Grazie'을 특성으로 지닌 '아름답고schön 유려한fließend' 양식을 보여준다(괴테와 셸링에서는 예술이 '우미'에서 정점에 이른다). 우아함은 빙켈만에 따르면 '신체의 행동'과 '동작', 그리고 '옷주름'에서 보여진다(229쪽). '영혼'은 "마치 고요한 수표면 아래에 있는 듯이" 표현되었고 또한 "예술이 격정을 품고 철학을 수행했다"고 그는 말한다(233쪽). 빙켈만의 제4시기는 몰락의 시대로, 셸링은 자신의 주석(이 책의 주 41 참조)에서 비로소 이 시기를 의미 있게 논한다. 이 시기는 아류시대나 절충주의라고 일컬어질 만큼 기존의 것을 모방하는 데 그 특징이 있다. 빙켈만은 '근대'의 회화사를 그리스 예술의 시기들과 평행시켜 이해한다. 이러한 고찰 방식이 셸링에게 계승되고 있다는 사실을 우리는 이 강연 저작 후반부에 근대의 여러 화가들을 논하는 대목에서 확인할 수 있다.

14 (편집자주) 괴테를 가리킨다. 《파우스트》 1부(숲과 동굴)에 나오는 다음 구절을 참조할 것. "숭고한 정신이여, 내게 주오, 내게 전부 주오,…왕국에 이르는 훌륭한 자연을 나에게 주란 말이오."

15 (편집자주) 괴테, 《수집가와 그 친구*Der Sammler und die Seinigen*》 제5 서한의 다음 대목과 관련된 말이다. "미가 특성적이어야 함을 인정은 하더라도 옹호하지는 못한다는 것은 바로 특성적인 것이 미의 기초를 이루긴 하지만 미와 동일한 것은 아니라는 점을 말할 뿐입니다. 특성적인 것과 미의 관계는 골격과 생생한 인간〔모습〕의 관계와 동일하지요. 골격이 모든 고등한 유기적 형상의 기초가 됨을, 외형을 정초하고 규정하고 있음을, 그러나 그것이 외형 자체는 아니며 따라서 최종적 외관에까지 작용을 미치지는 못한다는 것을 누구도 부정하지 않을 것입니다. 바로 이 최종적 외관을 우리는 유기적 전체의 총괄이자 외피, 즉 미라고 일컫는 것입니다." 담화 형식을 띤 이 서신은 히르트의 생각에 대한 괴테의 반대 견해를 나타낸다.

16 (편집자주) 판Fan 신은 그리스 신화에 나오는 목동들의 수호신으로, 이후 로마의 목동과 목축의 수호신 파우누스Faunus(Faun)와 동일시되었다. 판 신들의 외모는 하나같이 아주 추해서 괴물과 다를 바 없는 모습인데, 머리에는 뿔이 있고 하반신은 염소의 몸으로 묘사되었다. 빙켈만에 따르면 판 신들이란 신들에 대한 저차적인 관념이며 미에 대한 최초의 남성적 이상이다. "판 신들 가운데 가장 아름다운 입상은 완벽한 비례를 이루고 있는 충분히 성장한 미소년의 상이다"(《고대예술사》, 158쪽).

17 (옮긴이주) 본래 그리스어에서 유래된 말로, 진지한 예술작품이나 연설 따위의 형식(시의 경우 문체나 운율)은 모방하고 내용은 익살스럽게 고침으로써, 풍자적으로 빗대어 표현하는 것을 말한다. 중세 기사도 전설을 패러디한 세르반데스의 《돈키호테》를 비롯해 18세

기 이후에 영국, 프랑스, 독일에서 이러한 작품들이 다시 성행했다. 셸링이 여기서 직접 'parodieren(패러디하다)'라는 동사를 사용하고 있어 이렇게 옮겼다.

18 (편집자주) 실레노스는 본래 독립적인 수호신으로, 진지하고 현명하며 음악을 좋아하는 숲의 신이었지만 나중에는 술의 신 디오니소스와 관련을 맺게 된다. 디오니소스의 양육자이자 동반자인 그는 기원전 5세기 중반 이후 조형예술의 주제로 등장한다. 대부분 담쟁이 덩굴이나 화관을 감은 채 술에 취한 모습인데다, 튀어나온 배와 수염이 더부룩한 대머리의 모습으로 묘사된다. 다른 표현은 말의 귀와 꼬리를 달고 납작코를 가진 숲의 수호신 모습이다. 술주정뱅이 신으로 알려진 사티로스와 가끔 혼동되는가 하면, 철학자 소크라테스는 용모나 지혜 면에서 실레노스와 비교되곤 한다.

19 (옮긴이주) 레오나르도 다빈치Leonardo da Vinci(1452~1519)는 르네상스 시대 이탈리아를 대표하는 천재적인 미술가·조각가·건축가·사상가·기술자로, 회화에서 고전적 양식의 첫 완성자로 간주된다. 그는 주로 피렌체와 밀라노에서 활동했다. 라파엘로나 미켈란젤로에 견주어 레오나르도 다빈치는 몇몇 소수 작품만 남겼는데, 그중에서 유명한 것은 〈최후의 만찬〉, 〈모나리자〉, 〈동굴의 성모〉, 〈동방박사의 예배〉 등이다.

20 (옮긴이주) 라파엘로Raffaello Santi(1483~1520)는 화가이자 건축가로, 이탈리아 전성기 르네상스의 가장 중요한 인물 중 한 사람이다. 종교적·신화적 주제를 다룬 〈성모상〉, 〈아테네학당〉, 〈그리스도의 변용〉 등 호소력 짙은 고요하고 평온한 작품들을 창안해냈다.—레오나르도 다빈치와 라파엘로에게서 '특성적인 것'에 관해서는 괴테의 *Schriften zur Kunst I*, 223쪽 참조.

21 (옮긴이주) 아프로디테를 말한다.

22 (편집자주) 실러의《우미와 존엄*Anmut und Würde*》의 다음 구절을 참조. "우미는 언제나 자연이어야 하며, 다시 말해 비자의적이지 않으면 안 된다(적어도 그렇게 보여야 한다). 그리고 주관조차도 마치 자신의 우미를 알고 있기나 하는 듯이 보여서는 안 된다"(Schiller, *Werke*, Nationalausgabe, Bd. 20, 269쪽).

23 (편집자주) 전설에 따르면 테베의 왕 암피온의 아내인 니오베는 일곱 명의 아들과 일곱 명의 딸을 두어 자식 복이 많은 것을 무척 뽐냈다고 한다. 심지어 제우스와의 사이에 아폴론과 아르테미스라는 두 남매를 둔 테베의 여신 레토보다 자기가 더 훌륭하다고 자랑하기까지 했다. 이에 화가 난 레토는 아폴론에게는 니오베의 아들들을 죽이게 하고, 아르테미스에게는 그녀의 딸들을 죽이게 했다. 한꺼번에 자식을 모두 잃고 비탄에 젖은 니오베는 고향인 리디아의 시필로스 산 위에서 밤낮을 울며 탄식하다 돌이 되고 말았다. 그녀는 돌이 되어서도 계속 눈물을 흘렸다고 한다.— 셸링은 가장 어린 딸을 데리고 있는 니오베의 유명한 조각을 자신의 논의에 관련시키고 있다. 이것은 아들과 딸들의 죽음을 표현한 좀 더 커다란 군상 〈니오비데〉의 일부로, 피렌체의 우피치 미술관에 소장되어 있다. 셸링이 보기에 이 조각은 '영혼 그 자체'의 아름다움을 구현하고 있으며, 이 아름다움의 핵심은 '영원한 사랑'이다. 이 점은 "영혼의 표현에서의" 단계를 논하는 다음 문단들에서 좀 더 분명해진다.

24 (옮긴이주) 아이스킬로스(기원전 525~기원전 457년)는 고대 그리스의 가장 오래된 비극 작가로, 소포클레스(기원전 497~기원전 406년경)의 스승이다. 소포클레스는 기원전 468년 비극 경연대회에 응모하여 스승인 아이스킬로스를 꺾고 첫 우승한 이후로 123편의 작품을 썼으며, 스승 아이스킬로스와 후배인 에우리피데스와 함께 고대 그리스의 3대 비극 작가로 불린다. 아이스킬로스와 소포클레스

의 관계와 이들 작품이 조각과 맺는 평행적 성격에 대해서는 셸링의 《예술철학》에서 '아이스킬로스, 소포클레스, 에우리피데스에 관하여'(《셸링 전집》, 5권, 708~711쪽)를 참조할 것.

25 (옮긴이주) 빙켈만은 〈벨베데레의 아폴론〉에 대해 다음과 같이 말한 바 있다. "아폴론상은 파멸을 면한 고대 조각 작품 가운데 예술의 최고 이상을 나타내고 있다. 예술가는 이 작품을 완전히 이상적으로 제작했으며, 또한 그는 자신의 의도를 실행하고 가시화하는 데 꼭 필요한 만큼만을 재료에서 취했다"(《고대예술사》, 392쪽). 한편 현존하는 로마 바티칸 미술관 소장의 〈벨베데레의 아폴론〉은 기원전 350년경의 레오카레스의 청동 원작을 기원전 2세기에 대리석으로 모각한 작품이다.

26 (편집자주) 프리드리히 슐레겔처럼 괴테는 회화와 조각이 혼동되거나 뒤섞이는 것에 반대한다. 〈입구로의 안내Einleitung in die Propyläen〉(1798)라는 글에서 괴테는 "예술이 붕괴되는 가장 두드러진 징표"의 일종인 이런 혼재 현상을 감지하는 가운데, 다음과 같이 강조한다. "조각가는 화가와는 다르게 생각하고 느껴야 한다. 아니 그는 다른 방식으로 작품에 이르러야 한다…"(*Schriften zur Kunst I*, 317쪽 이하). 프리드리히 슐레겔도 비슷한 어조로 이렇게 말한다. "…그런데 조각과 회화를 완전히 하나로 여기는 작금의 지배적인 경향은 그릇되며 거부되어야 할 것이다. 이런 불합리한 일이 최근 프랑스의 한 학파에서 가장 완성된 모습으로 나타나고 있다. 하지만 그것의 근거는 이미 멩스에서 나타난다"(*Kritische Ausgabe*, 4권, 77쪽 이하).

27 (옮긴이주) 근대 화가들에 대한 셸링의 상세한 서술로는 그의 《예술철학》 강의, 특히 87절(《셸링 전집》, 5권, 519쪽 이하)을 참조. 셸링은 이 절에서 "회화에 통일을 이루어내는 특수 형식들은 드로잉, 명암, 그리고 채색"(520쪽)이라고 말하면서, "회화의 리듬"이라 부르는 드

로잉에서는 미켈란젤로를, 명암법에서는 코레조를, 그리고 채색에서는 티치아노를 대표적인 화가로 든다. 셸링은 라파엘로가 이 모든 형식들을 균형을 이룬 채 표현했으며, 그런 면에서 "근대 예술의 진정 신적인 사제"라고 극찬한다(560쪽). 또한 그는 이 밖에도 루벤스, 귀도 레니, 푸생, 호가트 등의 예술을 논한다.

28 (원주) 그러나 또한 시대에 따른 순서로 보더라도, 여기서 말한 순서는 만약 좀 더 상세하게 논증할 여지가 있다면 이미 정당한 것으로 승인될 수 있었던 점이다. 왜냐하면 당시에도 누구나 금방 떠올릴 수 있었듯이, 〈최후의 심판〉이라는 작품은 라파엘로의 사후에야 간신히 착수되었기 때문이다.* 하지만 미켈란젤로의 양식Stil은 그 자신과 함께 태어난 것이며, 따라서 시대적으로 보더라도 그의 양식은 라파엘로보다도 앞선 것이었다. 청년 라파엘로가 미켈란젤로의 초기 로마의 작품들을 보았던 데 따른 영향에 대한 통속적인 이야기에 실제보다 과도하게 의미를 두지 않더라도, 또는 라파엘로가 처음에는 아직 소심한 양식을 취하다가 완성된 예술의 대담성으로 성장하는 것을 이 우연적인 만남에서 도출하지 않더라도, 미켈란젤로의 양식이 라파엘로에게서 예술의 기초를 이루었다는 것, 그리고 또한 그의 양식에 의해 예술 일반이 비로소 더욱 완전한 자유에 도달했다는 사실을 부정할 수는 없다.── 코레조에 대해서는 우선 정확히 "그에 의해 예술의 참된 황금시대가 꽃피었다"고 할 수 있다. 아무도 방금 말한 것을 오해하거나 또는 저자가 근대 회화의 진정 최고의 작품으로 간주하는 것을 오해할 사람은 없겠지만 말이다.**

* (옮긴이주) 라파엘로는 1520년 이른 나이에 요절했으며, 미켈란젤로의 〈최후의 심판〉은 1534년에 착수되어 1541년에 마무리되었다.

** (옮긴이주) 셸링은 근대 회화의 최고 작품으로 라파엘로를 염두에 두고 있는 만큼, 코레조를 언급하면서 정식화한 표현을 여기에

서는 원주를 통해 다소 조심스럽게 교정하고 있는 것으로 보인다. "아무도…없겠지만 말이다"의 사족은 그러한 의미에서 이해될 수 있다.

29 (편집자주) 미켈란젤로는 조각가, 화가, 건축가로 활동하면서 이 세 영역 모두에서 특출한 작품들을 남겼다. 그는 고전문학이나 《신약성서》와 《구약성서》를 탐독하는 동시에, 조각을 위한 인체 해부에도 전념했다. 시스티나 성당 안쪽 벽에 그린 거대한 프레스코화 〈최후의 심판〉은 피오릴로에 따르면 "가장 결정적으로 그의 정신의 특질"을 표현해주고 있다(《조형예술사》, 1권, 141쪽). 라파엘로에서 회화가 그 "최고의 정점"에 이르렀다면, 미켈란젤로는 "자신의 고유한 특성이 스스로를 이끄는 쪽"을 택했다는 것이다. 한편 괴테는 자신의 《예술논집》(141쪽)에서 〈빙켈만과 그의 세기〉라는 제목 아래, 미켈란젤로의 목적은 미가 아니라 위대함과 강력함이라고 적고 있다.

30 (편집자주) 헤시오도스의 《신통기》에 따르면, 천공의 신 우라노스는 대지의 여신 가이아에게서 아버지 없이 태어났다. 후에는 그녀의 남편이 되어 거인족 키클롭스와 티탄족을 낳았는데, 티탄족은 가이아의 권고로 우라노스에게 도전했고, 특히 크로노스는 아버지의 성기를 잘라 그 지배권을 빼앗았다. 그때 흘린 피에서 거인족 기가스 등이 태어났으며, 또한 거기에서 생긴 거품에서 여신 아프로디테가 태어났다고 한다.

31 (옮긴이주) 판 신은 헤르메스와 요정 사이에서 태어난 아들로, 특히 그리스 아르카디아 지방에서 섬기는 다산多産의 신이다. 허리 위쪽은 사람의 모습이고 염소의 다리와 뿔을 가지고 있으며, 산과 들에 살면서 가축을 지킨다고 여겨졌다. 그의 상징물은 목동의 피리인데, 이것은 시링크스가 그에게 쫓겨 갈대로 변신함으로써 위기를 모면했고 이 갈대로 목동의 피리가 만들어진 데 따른 것이다. 연애를 즐

겨 무리 지어 있는 요정들의 꽁무니를 따라다니는가 하면, 디오니소스를 따르는 피리 연주가로도 등장했다. 한낮에 갑자기 인간들이나 쉬고 있는 동물들 앞에 출몰하여 소름이 끼칠 만큼 놀라게 했다고 한다. '당황'과 '공황恐慌'을 의미하는 패닉이라는 말은 이 신에게서 유래한다. 훗날 전원을 무대로 한 목가牧歌가 유행한 시대에는 판을 예술의 소재로 즐겨 다룸으로써 인간과 친근한 신이 되었다. 로마 신화에 등장하는 파우누스에 해당한다.

32 (옮긴이주) 코레조의 본명은 안토니오 알레그리Antonio Allegri이며, 코레조는 그의 출생지를 따서 붙인 통칭이다. 종교적이거나 신화를 주제로 한 작품들을 주로 그렸다. 그의 그림은 명암의 미세한 뉘앙스를 통해 풍요로운 빛의 효과를 보여주는 특징을 띠는데, 이것은 형상들의 '온화한 윤곽'과 함께 구성의 역동성과 인물들의 우아함에도 기여한다. 피오릴로에 따르면 코레조는 "명암법을 구사하는 데 발군의 기량"을 보였으며, "자연의 자유로운 은총으로서의 우아함"과 "조화를 이루어내는 독특한 재능"이 있다고 한다(《조형예술사》, 2권, 315쪽 이하).

33 (편집자주) 크로노스는 올림포스의 주신主神 제우스의 아버지이다. "크로노스의 평온한 지배"에 관한 신화는, 그의 아버지 우라노스에게서 지배권을 빼앗고 자기 자식들을 삼켜버리는 행위가 묘사된 헤시오도스의 《신통기》로까지 소급되지는 않는다. 크로노스에게서 낫의 상징은 그가 식물의 성장과 수확을 주관하는 신이라는 점을 가리키는데, 바로 이즈음 플루타르코스에서 그 표현을 얻은 바대로, 인류의 황금시대라는 신화적 관념이 형성되었다(《도덕론》, 941). 핀다로스Pindaros는 크로노스를 축복의 섬의 주인으로 말한다(《올림픽 송가*Olympische Oden*》 2, 77쪽 이하). 이러한 크로노스는 로마 신화에서는 농업의 신 사투르누스Saturnus와 동일시된다.

34 (옮긴이주) 12월 17일부터 한 주 동안, 농업의 신 사투르누스가 지배했던 행복한 시대를 기념하여 행해진 고대 로마의 축제.

35 (편집자주) 라파엘로에 대한 평가와 관련하여 빙켈만은 그를 고대 '숭고' 양식과 비견되는, '숭고한' 미의 거장이라 본다. 피오릴로에 따르면 라파엘로는 '숭고함' 속에서 미를 추구하며, 표현의 예술에서 그를 능가할 사람은 아무도 없었다. 그리고 이때의 표현은 자신의 '내적 본성'에 기인할 뿐, 모방을 통해 얻어진 것이 아니라고 평가한다(《조형예술사》, 1권, 118쪽 이하 참조). 한편 회화를 소묘와 표현, 명암법, 채색의 관점에서 판정하면서 그때마다 이상을 규정하고자 한 멩스는 이것이 라파엘로의 표현의 예술에 실현되어 있다고 본다. 그는 모든 예술가가 이 점을 모방하기를 권한다〔《회화에서 미와 좋은 취미에 대한 탐구》, 그리고 《세 명의 위대한 화가 라파엘로, 코레조, 티치아노, 그리고 고대인에 대한 고찰*Betrachtungen über die drei großen Maler Raffael, Correggio, Titian und über die Alten*》에서 라파엘로에 관한 구절을 참고할 것(*Anton Raphael Mengs: Hinterlaßne Werke*, Hrsg. von M. C. F. Prange, 2권, Halle, 1786)〕. 프리드리히 슐레겔은 《유럽 회화에 대한 서술*Gemäldebeschreibungen der Europa*》(1803)에서 멩스의 분류방식, 즉 '이상적 아름다움'이 라파엘로 회화의 특성을 이룬다는 일면적이고 그릇된 주장에 강력히 반대한다. 이에 반해 그가 강조하는 것은 라파엘로의 '보편성', 즉 라파엘로의 특성과 경향, 그리고 원칙이 지닌 '본질적인 면'이다(*Kritisch-Friedrich-Schlegel-Ausgabe*, Bd. 4, Hrsg. von Hans Eichner, 48~60쪽, 특히 53~55쪽을 참조할 것).

36 (편집자주) 프시케는 그리스어로 '영혼'이라는 뜻이다. 셸링은 여기에서는 에로스와 프시케의 유명한 이야기〔아래 옮긴이주 * 참조〕를 염두에 두고 있다. 이 이야기는 기원후 2세기 중엽 로마 작가 아풀레이우스Apuleius가 그리스의 모범으로 되돌아가 시로 엮어낸 것으

로(《변신*Metamorphosen*》, 4: 28~6: 24), 후대의 시인과 조형 예술가들을 매번 새롭게 자극했던 주제이다.

* (옮긴이주) 큐피드 또는 에로스로 불리는 아모르는 아레스와 아프로디테 사이에서 태어난 사랑의 신이다. 그는 황금과 납으로 된 화살을 가지고 많은 이의 가슴에 사랑의 상처를 남기는 짓궂은 장난을 즐기다가 그리스의 한 왕국의 프시케라는 아름다운 공주와 사랑에 빠진다. 이를 시기한 그의 어머니 아프로디테의 꼬임에 빠져 프시케는 잠시 아모르에 대한 사랑의 믿음에 의심을 품지만, 자신의 행동을 후회하고 아프로디테와 화해함으로써 아모르와 결혼하기에 이른다. 한편 '프시케'는 그리스어로 '나비'와 '영혼'이라는 뜻을 담고 있는데, 셸링은 여기서 두 가지 의미에서 프시케 이야기를 끌어들이고 있다. 하나는 고대 예술의 전개가 최종적으로 '영혼'의 주제로 귀결된다는 점이다. 이는 미의 여왕 자리가 아프로디테(신적인 가치)에서 프시케(영혼)로 넘어가는 것과도 상응한다. 그리고 다른 하나는 "형태에서 자유로운" 회화의 본성이 영혼의 국면과 일치하는 만큼, 근대 예술의 회화적 단계는 그 자체 영혼의 예술임을 방증해준다는 점이다.

37 (편집자주) 귀도 레니Guido Reni는 볼로냐 근교 칼벤차노에서 태어나 볼로냐와 로마에서 활동했다. 그의 동시대인들에게 명성을 얻었고 괴테 시대에 이르기까지 높은 평가를 받았지만, 20세기에 와서는 과거의 평판에서 멀어졌다. 빙켈만은 그를 우아함의 화가라 일컬었고(《고대예술사》, 227쪽), 피오릴로는 그를 불멸의 미술가로 찬양했다(《조형예술사》, 2권, 563쪽). 한편 괴테는 〈빙켈만과 그의 세기〉라는 글에서 "그의 솜씨가 보여주는 놀라운 탁월함, 사랑스러운 형상들과 여성적인 면, 그의 회화적 부드러움"(《예술논집》, 98쪽), 그리고 "아름다움"(100쪽)을 향한 그의 노력을 강조했다.

38 (편집자주) 여기서 셸링이 문제 삼고 있는 것은 귀도 레니의 〈마리아의 승천〉(1642)이다. 이 그림은 처음에는 뒤셀도르프에 소장되어 있었다. 마이어J. M. Meyer는 이런 사실을 셸링의 강연에 대한 비평문에서 밝히고 있다(*Ergänzungsblätter zur Jenaischen Allgemeinen Literatur-Zeitung*, Jg. 1, 1813, 2권, 71쪽). "여기서 셸링 씨는 이 거장〔귀도 레니〕의 아름다운 그림, 〈마리아의 승천〉이 전에는 뒤셀도르프의 화랑에 있다가 지금은 뮌헨에 기부된 칭찬받을 만한 사정을 잘 파악하고 있다." 프리드리히 슐레겔은 이 그림을 뒤셀도르프에서 관람했는데, 자신의《유럽 회화에 대한 서술》에서 이 작품을 부정적으로 평하고 있다. "부자연스러운 효과, 그리고 공허하고 차가운 이상"(*Kritische Ausgabe*, 4권, 134쪽 참조). 반면 열광적인 평가는 게오르게 포르스터George Forster에게서 나타난다. 즉 그다지 주목받지 못한《니더하인의 생각들*Ansichten von Niederrhein*》이라는 책에서 그는 100쪽 이상을 뒤셀도르프의 그림들을 서술하는 데 할애하고 있는데, 거기에는 이런 구절이 쓰여 있다. "그런데 귀도의 마리아는 어떠한가? 그녀는 너무나 인간적으로 아름답다! 이제 고난과 지상의 족쇄에서 풀려나 하늘을 겸허하게 바라보는 한 여성이 거기 있다. 그녀의 한없이 도취된 시선, 빛나는 얼굴, 넓은 두 팔은 형언하기 어려운 그녀의 기쁨을 여실히 드러낸다.…이것은…빛이 흐르면서도 또한 순수한 빛 속에 존립해 있는 새로운 세계이다. 밝게 빛나는 커다란 청색 겉옷조차도 순수하고 조밀한 천상의 에테르인 것이다.…가냘프게 떠 있는 마리아는── 그녀의 특징들에서는 예술가가 니오베의 딸들을 기억하고 있는 흔적이 엿보인다── 이미 파괴될 수 없는 천상의 빛의 본성에 관여하고 있는 것으로 보인다. 따라서 우리는 그녀를 유심히 관찰하면서 동시에 부활을 믿게 되는 것이다"(245쪽 이하). 셸링은 학술원 강연을 하기 몇 달 전, 1805년에 뒤셀도르프에

서 뮌헨으로 옮겨진 그림 소장품들이 지나치게 협소한 공간에 보관되고 있음을 진술한 바 있다. 그는《모르겐블라트*Morgenblatt*》(1807년 1월 29일 자, 99쪽 이하)에서 다음과 같이 쓴다. "뒤셀도르프 화랑의 작품들을 관람할 때는 전체에서 부분으로 나아가면서 지워지지 않는 인상을 받은 데 비해, 지금처럼 이들이 뿔뿔이 흩어지고 따로 떨어져 있는 것을 보고는 유감스러워하지 않을 사람은 없을 것이다. 전체 가운데 일부는 그다지 썩 형편이 좋지 않게도 이곳의 화랑에 보관되어 있다. 나머지는 여기서 한 시간 정도 떨어진 습하고 음울한 날씨의 슐라이스하임으로 옮겨졌고 심지어 아우구스부르크로도 옮겨졌다"(*Schellingiana Rariora*, Luigi Pareyson 집성 및 서문, Torino 1997, 280~283쪽 참조. 인용은 281쪽 이하).

39 (편집자주) 라파엘로의 〈시스티나의 성모〉(1512~1514년경)를 가리킨다. 이 그림은 그가 피아첸차에 있는 성 식스투스 수도원을 위해 그린 것으로, 아기 예수를 안은 성모와 교황 식스투스 2세, 그리고 성녀 바바라를 묘사하고 있다. 나중에 독일 드레스덴 화랑으로 옮겨진 이 그림을 셸링은 특별 전시를 통해 알고 있었다.

40 (원주) 이 논문 전체는 예술의 기초와 따라서 또한 미의 기초가 자연의 생동성 속에 존재함을 증명하는 데 주안점이 있다. 그런데 오늘날의 철학의 학설이 어떠한 것인가는, 잘 알려져 있듯이 그 학설을 세운 해당 인물보다도 세간의 비평가들 쪽이 훨씬 더 잘 알고 있다. 그래서 우리는 최근 그러한 소식통으로부터, 통상 정론지로 평판이 나 있는 정기간행물〔아래 편집자주 * 참조〕을 통해 다음과 같은 점을 알게 되었다. 즉 최신 미학과 철학에 의하면—(일단 유명세를 타는 얼치기 논자들에 의해 마음에 들지 않는 온갖 것들이 한 무더기로 쌓이고, 그 결과 어쩌면 포기하는 편이 더 나을 법한 그런 정도의 포괄적인 개념일 뿐인데)—오로지 예술미만 존재하고 자연미

는 존재하지 않는다는 것이다. 그런데 우리가 묻고자 하는 것은, 최신 철학이나 미학이 대체 어느 곳에서 그러한 주장을 하고 있느냐는 것이다. 이런 부류의 판정을 내리는 사람들이 이 경우 흔히 어떤 개념을 자연이라는 말과, 특히 예술에서의 자연이라는 말과 결부시키곤 한다는 것을 우리가 이 순간 논외로 치더라도 말이다. 앞서 든 비평가는 어쨌든 그러한 사고 자체를 나쁘지 않다고만 생각하고 있다. 그러기는커녕 오히려, 그 사고를 엄격한 논증에 의해, 즉 최신 철학의 논법과 형식으로 지지하고자 한다. 그 훌륭한 논증을 들어보지 않겠는가! "아름다움이란 신적인 것이 지상적인 것 속에, 즉 무한한 것이 유한한 것 속에 나타나는 현상이다. 그런데 자연은 분명 신적인 것의 현상이기도 하지만, 그러나 이것은── 즉 사려 깊은 인물이 좀 더 면밀하게 표현하듯이, 시간이 시작된 이래 이 세상이 끝날 때까지 존속하는 자연은── 인간의 정신에는 현상하지 않고 단지 그 무한성에서만 아름다운 것이다." 이 무한성을 어떻게 생각하든 간에 여기에는 하나의 모순이 존재하는데, 왜냐하면 미는 무한한 것이 유한한 것 속에 나타나는 현상이라고 하는 동시에, 그럼에도 자연은 오로지 그 무한성에서만 아름다운 것이라고 말하고 있기 때문이다. 그러면서 또한 이 전문가는 하나의 아름다운 작품의 각 부분, 예컨대 아름다운 조각상의 손이나 발도 아름다운 것 아니냐고 자문한다. 그러나 (이렇게 그는 의문을 풀어나가지만), 우리는 대체 어디에서 그런 거상巨像(즉 자연)의 손이나 발을 목도하는 것인가? 이 철학 전문가는 고작 이런 논변으로써 자연의 무한성에 대한 그의 사고가 가치 있고 또 탁월한 것임을 내비치고자 한다. 그는 자연의 무한성을 측량하기 어려울 정도의 광대함 속에서 찾는다. 참된 본질적 무한성이 물질의 각 부분 속에 있다는 식의 발언은, 설령 최신 철학 용어를 사용할지라도, 공정한 인물이라면 응당 주장하기 어려운 과장인 것이다. 또한 인간은 예컨대 단순한 자연의 손과 발 이상의 무엇일 거라고 하고——어느 쪽인가 하면 차라리 눈일 수도 있다 하면서——, 손과 발과는 다른 무엇에서 발견하려고 하는 주장에 이르러서는, 논의의 정당한 방식의 일탈 없이는 생각될 수 있는 일이 아닌 셈이다. 따라서 그의 물음 자체가 그렇게 충분히 파괴적이지 않았을 수도 있다. 하지만 이런 가운데 본래의 철학적 노력이 비로소 시작된다. 물론 이 탁월한 인물이 자연에서의 개별적인 것은 저마다——하지만 과연 이 개별적인 것 속에?——영원적인 것과 신적인 것의 현상이라고 생각한다면, 그것은 옳은 판단일 것이다. 그러나 신적인 것은 신적인 것으로서 나타나는 게 아니라 지상적인 것, 변전하기 쉬운 것으로서 현상한다.——이것이 철학적 예술이라고 일컬어져야 하는 것이다. 나타나라Apparais와 사라져라Disparais 같은 명령에 따라 실루엣 연극의 그림자가 나타났다가는 이내 사라지듯이, 신적인 것은 지상적인 것에서 현상하지만, 이것은 또한 다른 한편에서 예술가가 원하는 대로 현상하는 것도 아니다. 그러나 이것은 이어서 서술할 추론의 서막에 불과한 것으로, 이 추론의 구성요소들은 특별히 세 항목으로 나눠 살펴볼 필요가 있다. (1) "개별적인 것 자체는 생성과 소멸의 상像 이외에 어떠한 것도 표현하지 않는다.——즉 생명과 소멸의 이념이 아니라, 개별적인 것이 생성하고 소멸하는 것에 의한 하나의 실례를 표현하는 것이다"(하나의 아름다운 회화에 대해서도 또한 그러한 것, 즉 이 그림이 생성과 소멸의 한 실례를 나타낸다고 말할 수 있을 것이다. 왜냐하면 그림도 처음에는 서서히 색조를 갖추어가지만, 그다음에는 탁해지고, 또 연기나 먼지, 벌레나 좀의 공격을 당하기 때문이다). (2) "그런데 자연에서는 개별적인 것 이외에 아무것도 현상하지 않는다"(그러나 방금 전에는 일체의 개별적인 것이란 개별적인 것 내에서의 신적인 것의 현상이었다). (3)"그러므로 자연에서는 어떤 것도 아름다울 수 없다. 왜냐하면 미가 존재하기 위해서는 역시 영속적이고 불변하는 것으로서(물론 시간 속에서) 현상해야 하는 신적인 것이, 지상적인 것에서도 영속적이고 불변한 것으로서 현상하지 않으면 안 될 터이기 때문이다. 그렇지만 자연에서는 개별적인 것, 즉 변전하기 쉬운 것 이외에는 어떤 것도 존재하지 않는 것이다." 얼마나 멋진 논증인가? 그러나 이 논증에는 약간의 결함이 있다. 그중 언급해야 하는 것은 단지 다음 두 가지 점에 관해서이다. 위의 두 번째 주장에 의하면, 자연에서는 개별적인 것 이외에는 아무것도 현상하지 않는다. 그런데 지금 개별적인 것 이외에 아무것도 존재하지 않는 이 장소에, 이미 세 가지 사물이 존재하는 셈이다. 즉 ⓐ신적인 것, ⓑ신적인 것이 현상하는 개별적인 것, ⓒ이 결합에서 산출된 것, 즉 신적인 것이자 동시에 지상적인 것이다. 그런데 조금 전까지 최신 철학의 거울 속에서 자신의 얼굴을 응시했던 겸허한 인물은 자신의 얼굴이 어떻게 형성되었는가를 전적으로 망각하고 있는 셈이다. 그는 지금 ⓐ, ⓑ, ⓒ 중 겨우 ⓑ를 보고 있을 뿐이다.—ⓑ에 관해서는 이것이 미가 아님은 쉽게 증명될 수 있다. 왜냐하면 그 자신의 증명에 따르면, ⓒ만이 미여야 하기 때문이다. 그런데 그는 이제 반대로, ⓒ가 현상하지 않는다고는 결코 말하고 싶지 않을 것이다. 왜냐하면 ⓒ항도 그는 이미 다른 식으로 생각하고 있었기 때문이다. 왜냐하면 ⓐ(신적인 것)는 대자적으로 현상하는 것이 아니라 단지 개별적인 것, ⓑ를 통해서만, 그러므로 ⓒ에서 현상하기 때문이다. 그러나 ⓑ는 일반적으로 단지 ⓐ가 ⓑ에서 현상하는 한에서만, 그러므로 또한 ⓒ에서만 존재하는 것이다. 즉 ⓒ야말로 현실적으로 현상하는 유일한 것인 셈이다.—두 번째 결함은, 비록 반신반의하면서도 마치 물음을 던지는 식으로 슬쩍 삽입된 종속문, 즉 신적인 것 자체는 역시 영속적이고 불변하는 것으로서 현상해야 하지 않는가라는 문장 속에 존재한다. 확실히 여러 사정에 밝은 이 인물은 시간과는 관련 없는 즉자적인 영원성의 이념을 시간 속에서 불변하고 또 끝없이 지속하는 것이라는 개념과 혼동하여, 전자를 보아야 할 때 후자를 요구해버렸던 것이다. 그런데 만약 신적인 것이 단지 끝없이 지속하는 것에서만 현상할 수 있다면, 예술에서의 신적인 것의 현상, 즉 예술미를 어떤 근거에 기초하여 증명할 수 있을까라는 문제에 그는 그저 수수방관할는지 모른다.—이리하여 근본에서 오류를 바로잡은 이상 그는 훗날 아마도 적절한 이유에서 이번에는 다른 사람들에게 최신 철학의 오용을 금하도록 경고할 것임에 틀림없고, 이렇게 한층 더 나은 이해의 축적에 의해서 철학에 대한 이해가 더욱 심화함에 틀림없다는 사실이 용이하게 확인된다.

* (편집자주) 셸링의 이하 상세한 진술은 부테베크Friedrich Bouterwek의 《미학*Ästhetik*》(1806)〔제1부 자연과 예술에서 미의 일반이론, 제2부 아름다운 예술들에 대한 이론〕에 대한 한 서평문과 관련된 것이다. 이 서평은 《예나 일반문학소식*Jenaische Allgemeine Literaturzeitung*》〔1807년(1월 16/17일 자), 1권, 14/15호, 105~120단〕에 실려 있다. Δ Θ로 표기되어 있는 이 글의 약호는 역사학자 하인리히 루덴Heinrich Luden을 가리킨다. 이 서평자는 "(부테베크 씨가 그처럼 강력하게 주장하는) 자연에서의 미에 대해" 〔비평자〕 나름의 판단 근거를 독자에게 전달하고자, 미에 대한 자신의 고유 견해를 스케치해놓고 있다. 셸링은 이 구절(109~110단)을 자신의 글에서 상당히 축약하고 단순화한 가운데 비판적으로 인용하고 있다.

41 (원주) 이 점, 즉 근대 회화의 창시자들 이전에 고대예술의 유품들이 존재했다는 가정은 그 최초의 사람들 또는 가장 오래된 사람들에 의해서도 결코 주장될 수 없다. 왜냐하면 존경해야 할 피오릴로Fiorillo 〔아래 편집자주 * 참조〕가 그의 《조형예술사》 제1권 69쪽에서 분명

하게 기록하고 있듯이, 치마부에와 조토 시대에는 아직 어떠한 고대 회화나 조각도 발견되지 않았기 때문이다. 즉 그것들은 아직 지하에 내버려진 채 묻혀 있었던 것이다. "그러므로 어느 누구도 고대인이 우리에게 유산으로 남긴 범례에 따라 조형하는 것은 생각지도 못한 일이며, 화가에게 연구의 유일한 대상은 자연이었던 셈이다. 치마부에의 제자 조토의 작품들을 보면, 그는 이미 부지런히 자연을 참고로 하고 배우고 있었던 것을 발견하게 된다. 고대 쪽으로 마음을 돌리고 또한 좀 더 그리로 다가갈 수 있게끔 하는 길이 무척 협소했던 만큼, 사람들은 조토의 범례를 좇아 나아갔던 것이다." 그리고 이런 현상은 동일한 저자가 286쪽에 기록하고 있듯이, 메디치 가문이(그 중에서도 코시모〔아래 편집자주 ** 참조〕) 고대예술의 유품들을 찾아내기 시작할 때까지 계속되었다. "이전에 예술가들은 자연이 그들에게 제공하는 미에 만족해야만 했다. 그러나 자연에 대한 이러한 꾸준한 관찰은 다음과 같은 이득을 가져왔다. 즉 이런 관찰을 통해 예술을 더욱 과학적으로 수정하는 준비가 이루어지고, 이윽고 뒤이어 레오나르도 다빈치나 미켈란젤로 같은 철학적 예술가가 자연현상들의 근저에 존재하는 불변의 법칙들을 탐구하기 시작했던 것이다."── 그러나 이들 거장이나 라파엘로의 시대에 나타난 고대 예술작품의 재발견이라는 것이, 결코 그 이후에야 생긴 의미에서의 고대 예술의 모방을 뜻하는 것은 아니었다. 예술은 일찍이 택한 길에 충실했으며, 또 전적으로 자기 자신으로부터 자신을 완성했다. 즉 외부에서 자신 속으로 무언가를 수용하는 것이 아니라 오히려 고유한 방식으로 저 규범을 지향하고자 노력하고 단지 완성의 최종지점에서만 고대 예술작품과 합치해나간 것이다. 카라치 형제〔아래 편집자주 *** 참조〕의 시기에 이르러서는 고대예술의 정신에 따른 본래적 의미의 조형과는 전적으로 다른 것을 의미하는 고대의 모방이 정식

원리가 되며, 또한 그러한 식의 고대의 모방은 특히 푸생(아래 편집자주 **** 참조)을 통해서, 아무리 뛰어난 것이라도 획일적인 이해밖에 보이지 않는 프랑스인의 예술이론으로 옮아갔다. 이에 뒤이어 멩스(아래 편집자주 ***** 참조)가 빙켈만의 이념을 오해함으로써, 이와 동일한 원리가 우리나라에도 자리 잡게 된 것이며, 그리고 지난 세기 중반기에는 독일 예술을 피폐하게 하고 또한 근원적 의의가 망각된 정신성의 결핍을 초래해버렸던 것이다. 그 결과 형식적 모방에 반대하는 개개 반항의 시도 대부분이 다시금 단순한 모방의 경향에서 더 조악한 다른 것으로 이르는 오해된 감정에 지나지 않는 것이 되었다. 다시 지금, 훨씬 더 자유롭고 훨씬 더 본래적인 감각이 독일 예술에 나타난 것을 누가 부인할 수 있겠는가? 모든 것이 하나로 된다면, 이 감각은 위대한 미래의 희망을 보증하고, 어쩌면 예술에서 더욱 높고 자유로운 길을 여는 정신을 기대하게끔 할 것이다. 이 길은 문예와 학문 분야에서 이미 걸어온 길이며, 그리고 이 길 위에서만 우리가 진정 우리의 것이라고 할 수 있는, 즉 우리 민족과 우리 시대의 정신이자 힘의 예술이라고 할 수 있는 그런 예술이 생길 수 있을 것이다.

* (편집자주) 피오릴로는 이탈리아계 독일 화가이자 미술사학자로, 1813년 이래 괴팅겐 대학에 새로 창립된 미술사학과의 정교수직을 맡았다. 그는 《조형예술사》(1789~1820)에 대한 여러 권의 저서를 집필했는데, 이 저서는 이탈리아, 프랑스, 영국, 스페인, 네덜란드, 독일의 회화들을 화가의 생애와 작품에 대한 비평적인 서술로 다루고 있다.

** (편집자주) 피렌체에서 메디치 가문의 지배는 코시모 일 베키오가 군림한 1434년부터 시작된다. 피렌체 르네상스의 학문과 예술의 정점을 이룬 것은 그의 손자이자 '위대한 로렌초'로 불린 로렌초

1세(1469~1492) 때의 일이다. 코시모는 플라톤 아카데미를 창설하여 많은 인문주의자들을 양성했으며, 로렌초는 조형예술학교를 열어 이곳에 "엄청난 양의 고대 조각상들과 온갖 고대 유물들을 수집"했다(피오릴로, 《조형예술사》, 340쪽). 그의 후원 아래 기를란다요, 보티첼리, 청년 미켈란젤로가 교육받고 작업했다.

*** (편집자주) 로도비코 카라치는 두 사촌 동생인 아고스티노 카라치, 안니발레 카라치와 함께 1585년 볼로냐에 미술 아카데미를 설립하여 바로크 회화의 확립에 공헌했으며, 알바니, 도메니키노, 레니 등에게 많은 영향을 끼쳤다. 안니발레 카라치는 1595년에 로마로 가서 고대와 라파엘로, 미켈란젤로를 집중적으로 연구했으며 개인 작업장을 세웠다. 카라치 형제의 의의는 당대의 예술이 위대한 거장들, 특히 미켈란젤로의 형태를 '노예적으로' 모방함으로써 몰락에 이른 시기에 고유한 양식을 형성해낸 점에 있다. "그들 특유의 작품이 이루어낸 공적뿐 아니라 유명한 미술학교를 창설함으로써" 매너리즘의 기세가 가라앉았다(괴테, 〈빙켈만과 그의 세기〉, *Schriften zur Kunst I*, 62쪽 참조).

**** (편집자주) 니콜라 푸생은 고전주의를 대표하는 프랑스 화가이다. 그러나 1640년부터 1642년까지 2년간 파리에 체류한 것을 제외하곤 줄곧 로마에 살면서 활동했다. 그는 정연한 구성으로 신화나 성서적 주제들을 담은 그림을 그렸으며 풍경 또한 자주 그렸는데, 풍경을 '숭고함'으로까지 승화시킴으로써 '영웅적인' 풍경화의 기초를 놓았다. "해박한 미술가"(피오릴로)였던 푸생은 의식적으로 고대와 라파엘로로 돌아갔다. 프랑스에서 그의 영향은 그가 죽은 뒤에야 나타났다.

***** (편집자주) 멩스는 신고전주의의 대표적인 화가로, 드레스덴, 로마, 마드리드에서 활동하면서 생전에 이미 높은 명성을 얻었다. 그

는 고대와 라파엘로 연구를 통해 무엇보다도 형식들의 미에서 예술의 이상을 추구했으며, 이 관점에서 후기 바로크 회화를 경시했다.

42 (편집자주) 피에트로 페루지노Pietro Perugino를 가리킨다. 이 화가의 본명은 피에트로 바누치Pietro Vannucci이며, 피렌체, 로마, 페루자 등지에서 주로 활동했다.

43 (편집자주) 셸링은 새로운 몰락으로 접어든 '예술의 늦여름'이라는 문구로 카라치 형제들과 그의 화파를 가리키고 있다. 즉 귀도 레니, 도메니키노Domenichino(본명은 도메니코 잠피에리Domenico Zampieri), 알바니Francesco Albani, 란프랑코Giovanni Lanfranco, 구에르니코Guernico(본명은 조반니 F. 바르비에리Giovanni F. Barbieri), 시도네Bartolomeo Schidone 등이 이에 속한다. 이와 관련해서는 괴테의 〈빙켈만과 그의 세기〉, *Schriften zur Kunst I*, 64~66쪽을 참조하라.

44 (옮긴이주) 페리클레스Perikles는 고대 아테네의 정치가이자 군인으로, 문화, 정치, 예술에서 아테네의 최전성기를 열었던 것으로 평가받는다. 민주정치의 기초를 마련했고, 기원전 447년부터는 파르테논 신전의 건조를 시작했으며, 아테네 시가의 미화에도 힘썼다. 철학자 아낙사고라스, 작가 소포클레스·피디아스 등과 교분이 두터웠으며, 예술가에 대한 국가적인 지원 사업을 펼쳐 이른바 '페리클레스의 시대'를 이룬 장본인이다.

45 (옮긴이주) 펠로폰네소스 전쟁에서 쓰러진 사람들에게 한 페리클레스의 유명한 추도연설.

46 (편집자주) 알브레히트 뒤러는 독일 뉘른베르크 출신의 화가이자 판화가로, 동판화와 목판화의 발전에 크나큰 영향을 끼쳤다. 후기 고딕에서 르네상스로 이행하는 시기의 정점에서 독일 르네상스를 대표하는 인물이다. 그는 초상화와 자화상도 많이 그렸으며, 그리스도의 수난을 표현하는 데도 빼어난 발자취를 남겼다. (두 차례의 이

탈리아 여행이 계기가 된) 이탈리아 르네상스와 뒤러의 대결은 그의 작품들에 나타난 표현뿐 아니라 인간 형상의 비례에 대한 이론적 저작들에서도 발견된다. 활동하던 당시 그는 벌써 독일 너머로까지 유명해졌지만 17세기 말에 더욱 재평가받았으며, 낭만주의 운동에 참여한 젊은 예술가들의 모범이 되었다.

47 (옮긴이주) '코페르니쿠스적 전회'라 일컬어지는 칸트의 비판철학을 가리킨다. 칸트의《순수이성비판》 제2판 서문 B XI쪽 참조.

48 (편집자주) 행성들의 법칙을 발견한 독일의 천문학자 케플러의 업적을 가리킨다. 셸링은 자신의《학술연구 방법에 대한 강의*Vorlesungen über die Methode des akademischen Studiums*》(1803)에서 "우주와 그 법칙의 인식"을 물리학의 가장 중요한 과제 중 하나로 규정하며, "케플러의 신적인 천재성"이 "그와 같은 법칙들을 규명"해내었음을 상찬한다(제12강의 참조).

49 (옮긴이주) 바이에른 국왕 막시밀리안 요제프 1세(1756~1825)를 가리킨다.

50 (편집자주) 셸링은 여기서 아마도 1802년 내지 1806년에 바이에른에 편입된 밤베르크와 뉘른베르크 같은 도시들을 생각하고 있는 듯하다.

51 (편집자주) 막시밀리안 요제프 1세의 맏아들 루트비히 1세(1786~1868)를 가리킨다. 루트비히 1세는 1804년 이미 이탈리아의 여러 예술 도시들을 방문한 바 있다. 1806~1807년에 그는 프랑스 편에서서 프로이센에 맞서 싸웠지만 나폴레옹에 대한 혐오감을 숨기지 않았다. 황태자였던 당시 유력한 미술가, 골동품상과 유대를 맺고 있던 그는 재위 기간인 1825년부터 1848년까지 뮌헨을 예술 중심지로 변모시켰다(조각미술관인 글립토테크, 회화관인 알테 피나코테크와 노이에 피나코테크). 무엇보다도 그는 1827년 부아제Boisser 형

제가 수집한 중세 독일과 네덜란드 그림들을 사들였다. 셸링이 언급하고 있고 또 프리드리히 슐레겔이 1804년 예술에 역점을 두고 요구한 "왕권의 비호 아래에서의 피난처"(*Kritische Ausgabe*, 4권, 102쪽)는 특별히 루트비히 1세에 의해 실현되었다.

52 (옮긴이주) 이 장은 크리스티안 이버Christian Iber, 《이성의 원리로서의 이성의 타자. 하이데거와 아도르노의 후기 관념론적 철학 이해와 관련해서 본 셸링 철학 발전의 근본 특성들*Das Andere der Vernunft als ihr Prinzip. Grundzüge der philosophischen Entwicklung Schellings mit einem Ausblick auf die nachidealistischen Philosophiekonzeptionen Heideggers und Adornos*》(Walter de Gruyter, 1994)의 서문 일부를 참조했다.

53 (옮긴이주) 이하 서술은 《조형예술과 자연의 관계》 판본(1983)을 편집한 루치아 스치보르스키Lucia Sziborsky의 편집자 서문을 부분적으로 옮긴 것이며, 좀 더 논의가 필요한 대목은 패촐트Heinz Paetzold의 《독일 관념론 미학. 바움가르텐, 칸트, 셸링, 헤겔, 쇼펜하우어에서 미적 합리성의 이념에 관하여*Ästhetik des deutschen Idealismus. Zur Idee ästhetischer Rationalität bei Baumgarten, Kant, Schelling, Hegel und Schopenhauer*》(Wiesbaden: Steiner, 1983)의 셸링 부분에서 보충했음을 밝혀 둔다.

54 (옮긴이주) 셸링 저작을 인용할 경우 보통 그의 아들 카를 프리드리히 아우구스트 셸링Karl Friedrich August Schelling이 편집한 최초의 전집판인 《셸링 전집*Schelling: Sämtliche Werke*》이 사용된다. 이 판본은 1856년에서 1861년 사이에 총 2부 14권으로 간행되었다. 참고로, 해제와 관련된 셸링 저술들의 전집 출처는 각각 다음과 같다. 《선험론적 관념론의 체계》, 《셸링 전집》, 3권, 327~634쪽; 《나의 철학 체계의 서술》, 《셸링 전집》, 4권, 105~212쪽; 《학문 연구 방법에 대한 강의》, 《셸링 전집》, 5권, 210~352쪽; 《예술철학》, 《셸링 전집》,

5권, 353~736쪽.

55 (옮긴이주) 괄호 안의 로마자와 숫자는 인용 출처를 나타낸 것으로, 'III, 349'는 '《셸링 전집》, 3권, 349쪽'을 가리킨다.

56 (옮긴이주)《셸링 전집》, 4권, 104~212쪽.

57 (옮긴이주) "미가 주어지는 것은, 특수한 것(실재적인 것)이 그 개념에 전적으로 적합한 까닭에 무한한 것으로서의 이 개념 자체가 유한한 것 내에 들어서고 구체적인 것 내에서 직관되는 경우이다. 이때 개념은 실재적인 것 내에 현상하지만, 이 실재적인 것이 근원상 내지 이념에 진정 유사하고 동일해져서 거기에서는 이 보편적인 것과 특수한 것이 바로 절대적 동일성 내에 있다. 이렇게 해서 이성적인 것은 이성적인 것이면서도 동시에 현상하는 것, 감성적인 것이 된다"(V, 382).

58 (옮긴이주) 셸링에게서 철학적 구성이란 그 구성 내에서 보편자와의 관련 속에 특수자가 해석됨으로써, 동시에 "절대자의 표현"(V, 107)이 됨을 의미한다. 미학에서 특수자 자체를 주제로 삼고 또 같은 말이지만 경험적으로 생겨나는 그와 같은 출발을 가리켜 그는 예술이론Theorie der Kunst이라 일컫는다(V, 107; V, 368). 그러므로 경험을 본보기로 삼는 예술이론은 예술철학과는 구별되어야 한다. 슐레겔에게 보낸 1802년 3월 9일 자 편지에서 셸링은 자신의 예술철학이 지닌 특별한 요소를 다음과 같이 제시했다. "다소간 철학에 종속되고 있을 뿐이며 또한 하나의 측면에서 볼 때 필연적으로—사변적 관점에서 보자면—경험적일 수밖에 없는 예술의 *이론*을 세우려는 시도를 저는 애당초 전적으로 포기합니다. 현실적이거나 경험적인 사물들이 존재하듯이, 또한 현실적이거나 경험적인 예술이 존재할 겁니다—이런 예술에 *이론*이 관계하겠지요.—하지만 예지적 사물들, 자신에 입각해 있는 사물들이 존재하듯이, 또한 *예술*

그 *자체*Kunst an sich가 존재합니다. 예술 그 자체에서 보면 경험적인 예술은 한낱 현상일 뿐이며 또한 바로 예술 그 자체를 통해서 예술에 대한 철학의 연관이 존재하게 되는 것이지요"(V, 386 참조).

더 읽어야 할 자료들

게오르크 W. F. 헤겔, 《피히테와 셸링 철학체계의 차이》, 임석진 옮김(지식산업사, 1989)

청년기 헤겔과 셸링 철학의 대립 국면을 이해하는 데 가장 먼저 꼽아야 할 문헌 중 하나이다. 1801년 예나에서 쓴 이 저작은 우선 당대 철학 연구에 나타난 갖가지 형식을 서술하고 나서, 피히테와 셸링 철학의 원리를 비교, 분석한다. 인간 이성의 한계점에 대해 헤겔이 스스로 다른 철학자들과 대결하며 이를 쟁점화하는 대목에 주목해본다면, 이 문헌은 200년 전의 사변철학의 문맥에서이긴 하지만 여전히 현대적인 시사점을 던져준다.

리오넬로 벤투리, 《회화의 이해. 지오토에서 샤갈까지》, 정진국 옮김(눈빛, 1999)

이탈리아의 탁월한 미술사학자이자 미술비평가 리오넬로 벤투리Lionello Venturi의 이 저서는 한마디로 눈부신 걸작이다. 셸링을 읽다가 그가 논하는 근대 화가들이 갑자기 궁금해질 때, 마침 벤투리의 이 책이 곁에 있다면 많은 도움이 될 것이다. 잘 알려진 방식이지만, 뒤에 실려 있는 색인을 뒤져 본문을 읽어가는 방법을 권하고 싶다.

리하르트 크로너, 《헤겔. 칸트에서 헤겔까지》, 유헌식 옮김(청아출판사, 1990)

이 책은 두 권으로 구성된 크로너Richard Kroner의 《칸트에서 헤겔까지 *Von Kant bis Hegel*》(1921) 가운데 헤겔 철학 부분(6~8장)만 옮긴 것이다. 독일 관념론의 사상사적 흐름을 밀도 있게 서술한 교과서적 저작으로 정평이 나 있다. 특히 책의 앞부분은 셸링의 동일성 체계와 헤겔의 정신철학을 대비하여 논하고 있는데, 셸링과 헤겔의 사상을 비교, 이해하는 데 많은 도움을 준다. 한편 크로너의 이 저작 서론과 칸트 부분은 《칸트. 칸트에서 헤겔까지 1》(연효숙 옮김, 서광사, 1998)로 번역되어 있으므로, 함께 참고하면 좋을 것이다.

안네마리 게트만 지페르트, 《미학입문》, 공병혜 옮김(철학과현실사, 1999)

바움가르텐에서 헤겔에 이르는 미학을 체계적으로 서술한 입문서이다. 저자는 크게 '인식으로서의 예술'(바움가르텐, 칸트)과 '행위로서의 예술'(실러, 셸링, 헤겔)이라는 틀을 사용하되, 전자가 후자로 이행하는 것은 "예술의 의미가 인간 행위의 역사적, 문화적 의미 영역으로 확장되는 과정임"을 시사한다. 철학적 미학에 관심 있는 독자에게 매우 유용한 책이다.

안재오, 《청년 헤겔 통일의 철학》(한울, 2001)

책의 부제는 '헤겔 변증법 발전사 연구'라고 되어 있지만, 초기 관념론 형성사를 피히테, 셸링, 횔덜린, 헤겔의 상호 관계 속에서 알기 쉽게 조명한 연구서이다. 특히 셸링의 초기 사상을 '스피노자적 피히테 철학'이라는 관점에서 상론하며 횔덜린과의 영향 관계를 구체적으로 분석하고 있다. 아울러 헤겔과 셸링에서 '반성' 개념 등 이들 철학의 근본 개념들에 대한 비교 분석은 이들의 학문적 성립사를 이해하는 데 좋은 길잡이 구실을 해준다.

에른스트 카시러, 《계몽주의 철학》, 박완규 옮김(민음사, 1995)

옮긴이와 출판사에게 개인적으로 감사하는 책 가운데 하나이다. 워낙 정평이 나 있는 저서인데다, 깔끔한 우리말 번역문을 통해 저자의 대가다운 필치와 통찰력을 느낄 수 있다. 18세기 계몽주의의 성격을 자연, 인식, 종교, 역사, 사회사상, 미학의 문제 영역에서 전문적으로 다루고 있다. 특히 제7장의 '미학의 근본문제'는 꼭 한 번 읽어볼 만한데, 이 책과 관련해서는 스피노자, 라이프니츠, 칸트, 레싱, 괴테를 논한 부분만 따로 떼어내 집중적으로 읽는 것도 한 방법이다.

에른스트 카시러, 《인간이란 무엇인가》, 최명관 옮김(서광사, 1988)

'인간문화의 철학에 대한 서론'이라는 부제가 붙어 있는 카시러의 명저(1944)이다. "큰 책은 큰 악이다"라는 레싱의 금언에 따라 카시러가 자신의 주저《상징형식의 철학》을 일반 대중을 위해 다시 쉽게 줄여 쓴 책이다. 건조한 주제라는 선입견과는 달리, 읽을수록 묘미가 느껴지는 서술임을 금세 알아차릴 수 있다. 특히 제9장 '예술'은 고전주의적 모방론을 시작으로 논의를 전개하면서, 예술론의 큰 흐름을 대가다운 솜씨로 짚어낸다.

요한 J. 빙켈만, 《그리스 미술 모방론》, 민주식 옮김(이론과실천, 1995)

이 책의 원제는《회화와 조각에서 그리스 작품의 모방에 관한 고찰》(1755)이다. 그리스 미술을 이상미의 규범으로 생각한 빙켈만의 예술 이념이 담겨 있는 고전 가운데 하나이다. 이 저작은 그의 후기 저작《고대 예술사》(1764)와 함께 셸링의 주된 논박 대상이 되지만, 셸링이 그리스 걸작에 대한 빙켈만의 이해에서 많은 미학적인 동기를 얻고 있음은 분명하다.

츠베탕 토도로프, 《상징의 이론》, 이기우 옮김(한국문화사, 1995)

아리스토텔레스에서 소쉬르, 야콥슨에 이르는 상징 이론들을 기호학적 관점에서 분석한 저서이다. 그러나 이 책의 중심은 역시 고전주의와 낭만주의를 다루는 4장에서 6장까지라고 할 수 있다. 특히 제6장 '낭만주의의 위기'에서는 낭만주의 이론의 본질을 상세히 논의하며, 레싱, 셸링, 슐레겔, 노발리스, 괴테, 칸트 등의 주요 이론들이 저자 특유의 설명 범주들을 따라 기호학적으로 서술되고 있다. 시학과 수사학에 관심을 둔 독자는 물론, 셸링 책의 미학적인 배경을 이해하는 데 도움을 준다.

프리드리히 W. J. 셸링, 《인간적 자유의 본질 외》, 최신한 옮김(한길사, 2000)

자유의 문제를 자의가 아니라 세계의 근본 원리 파악이라는 시각에서 논한 셸링의 대표적 저서이다. 내용은 난해하지만, 그의 전후기 사상의 맥락을 이어주는 매우 중요한 저작이다. 신, 창조, 자유와 필연, 범신론의 문제, 그리고 악의 가능성에 대한 철학적 통찰은 평소 이 문제를 고민하는 이들이 비켜갈 수 없는 혜안 구실을 할 것이다. 《인간 자유의 본질》(한자경 옮김, 서광사, 1998)만 번역한 책도 읽어보길 바란다.

프리드리히 W. J. 셸링, 《자연철학의 이념》, 한자경 옮김(서광사, 1999)

《철학의 원리로서의 자아》와 짝을 이루는 초기 셸링의 고전적 저서이다. 〈자연철학의 이념: 자연철학 연구의 서론〉(1797) 외에, 〈자연철학 체계의 제1기획〉(1799), 〈자연철학 체계의 기획 서설〉(1799)이 함께 실려 있다. 셸링은 기본적으로 기계론적 자연관에 비판적인데, 이 점이 오늘날 독자에게 더 현대적으로 읽히는 것은 역설적이다. 그가 자연관과 유기체론, 나아가 서구 형이상학적 '자연'에 제기하는 비판점 등을 일별하면서 스피노자와 라이프니츠의 체계에 접근해볼 수 있다. 아무튼 참된 의미의 교양서 또는 기초 학문의 숨겨진 필독서 가운데 하나이다.

프리드리히 W. J. 셸링, 《철학의 원리로서의 자아》, 한자경 옮김(서광사, 1999)

셸링의 철학을 처음 접하는 독자가 과감하게 도전하기에 가장 적합한 책이다. 좀 가파른 길이지만 셸링 초기 사상의 요체를 직접 대면한다는 장점이 있고, 그가 말하는 자아, 앎, 무제약자 등의 개념들을 맛볼 수 있기 때문이다. 어떤 의미에서 자아가 앎의 원리인지와 관련해 셸링이 칸트, 피히테 등을 비판하는 점뿐만 아니라 셸링 철학의 전체적인 지형을 감지할 수 있다. 매우 모범적인 번역 문장이며, 옮긴이의 친절한 해제 또한 도움이 된다.

프랜시스 M. 콘퍼드, 《종교에서 철학으로》, 남경희 옮김(이화여자대학교 출판부, 1995)

책의 부제는 '서구 사유의 연원에 관한 연구'이다. 1912년에 초판이 나온 이 책은 그리스 신화의 상징적 저자인 호메로스의《일리아드》와《오디세이》 원전을 탐구하면서 '운명'이라는 말로 정착된 '모이라moira' 개념의 분석을 통해 그리스 사유의 밑바탕을 천착하고 있는 점이 돋보이는 탁월한 노작이다. 옮긴이의 치밀하고 신뢰할 만한 번역도 이 책의 강점이다. 서양의 로고스적 사유가 지닌 미토스적 근원에 대해, 또 서구 사유의 원류에서 '자연'과 '영혼' 개념의 형성과 관련해 여전히 참신한 이해를 얻을 수 있다.

프랭크 P. 챔버스, 《미술: 그 취미의 역사》, 오병남·이상미 옮김(예전사, 1995)

고전주의와 낭만주의 미술의 흐름과 갈래를 이해하는 데는 아마도 최적격인 책일 것이다. 미술사 전개를 깊이 있게 다룰 뿐 아니라, 이들 양식이 출현하고 붕괴하는 배경을 미학적 근거를 통해 밝혀주고 있다. 셸링을 따로 논하지는 않지만, '아름다운 예술', '특성적 예술' 등 그의 사상적 지형을 이 책을 통해 좀 더 명료하게 이해할 수 있다. 특히 제6장 '낭만주의의 출현'과 제7장 '낭만주의의 철학'을 먼저 읽어도 무방할 것이다.

피에르 베르토, 《횔덜린. 천재와 광기의 시인 1, 2》, 김선형 옮김(책세상, 1997)

시인 횔덜린에 대한 깊이 있는 전기물로, 저자는 그가 정신병 환자였다는 통념에 반대하여 그의 독특한 심리 현상에 주목하고자 한다. 흥미로운 것은 청년 횔덜린이 교류한 사람 중에는 여러 낭만주의자들과 셸링, 헤겔도 포함되는 점이다. 특히 죽마고우였던 셸링의 증언을 자료로 횔덜린의 생애가 뒷받침되고 있는 점에서, 청년기 이후 이들의 교우관계와 당시의 문화적인 배경 등을 읽을 수 있다.

한스 R. 야우스, 《도전으로서의 문학사》, 장영태 옮김(문학과지성사, 1983)

수용미학의 대표자 야우스Hans R. Jauß의 각기 독립된 여섯 편의 논문을 묶어낸 책이다. 현대의 다양한 문예학적 방법론을 배경으로 한 전문 연구서이지만, 문학사의 가치와 새로운 방향 제시를 모색하는 역저이다. 특히 두 번째 논문의 제목은 〈'신구논쟁'에 대한 슐레겔과 실러의 답변〉인데, 프랑스에서 제기된 신구新舊논쟁이 독일의 고전주의 위기에 헤르더, 실러 그리고 프리드리히 슐레겔에 의해 어떻게 다시 활성화되었는지를 다루고 있다.

Charles Harrison·Paul Wood·Jason Gaiger (ed.), *Art in Theory 1648~1815. An Anthology of Changing Ideas*(Blackwell, 2000)

17~18세기에 활동한 화가, 조각가, 미술비평가, 미학자 등의 문헌들을 총망라해놓은 예술론 앤솔로지이다. 셸링의 《조형예술과 자연의 관계》가 부분적으로 발췌, 번역되어 있으며(934~941쪽), 루벤스, 푸생부터 실러, 헤겔에 이르는 원전 텍스트들을 1,200여 쪽에 걸쳐 수록하고 있다. 이보다 앞서 출간된 같은 편자의 역시 비슷한 분량인 *Art in Theory*

1815-1900(Blackwell, 1998), *Art in Theory 1900-1990*(Blackwell, 1992)와 함께, 수록된 문헌의 목차만 참조하더라도 서구 예술론의 형성과 흐름의 맥을 일별해볼 수 있지 않을까 한다.

옮긴이에 대하여

심철민 kunst04@hanmail.net

연세대학교 철학과를 졸업하고 독일 트리어대학교 등에서 수학했으며, 서울대학교 대학원 미학과에서 석사 및 박사 학위를 받았다.
옮긴 책으로는《루만 개념사전》,《계몽, 혁명, 낭만주의》, 발터 벤야민의《기술적 복제시대의 예술작품》·《독일 낭만주의의 예술비평 개념》, 에르빈 파노프스키의《상징형식으로서의 원근법》, 카시러의《상징 형식의 철학 II: 신화적 사고》·《상징 신화 문화》, 셸링의《신화철학 1, 2》(공역) 등이 있다.

조형예술과 자연의 관계

초판 1쇄 펴낸날 | 2002년 5월 5일
개정 1판 1쇄 펴낸날 | 2017년 10월 30일
개정 2판 3쇄 펴낸날 | 2025년 12월 15일

지은이 F. W. J. 셸링
옮긴이 심철민

펴낸이 김준성
펴낸곳 책세상
등록 1975년 5월 21일 제2017-000226호
주소 서울시 마포구 월드컵로23길 38, 2층(04011)
전화 02-704-1250
팩스 02-719-1258
이메일 editor@chaeksesang.com
광고·제휴 문의 creator@chaeksesang.com
홈페이지 chaeksesang.com
페이스북 /chaeksesang **트위터** @chaeksesang
인스타그램 @chaeksesang **네이버포스트** bkworldpub

ISBN 979-11-5931-902-0 04080
979-11-5931-221-2 (세트)

책값은 뒤표지에 있습니다.
잘못되거나 파손된 책은 구입하신 서점에서 교환해드립니다.